REDLINE WIRTSCHAFT

Andreas

ROTHER

Das ultimative

Schimpfwörterbuch

fürs Büro

REDLINE WIRTSCHAFT

Andreas Rother
Das ultimative Schimpfwörterbuch für´s Büro
Von Allroundlaie bis Zartliner
Frankfurt: Redline Wirtschaft, 2005
ISBN 3-636-01228-2

Unsere Web-Adresse:
http://www.redline-wirtschaft.de

Umschlag: Beate Soltész, Redline Wirtschaft, Wien

Ein Unternehmen der Süddeutscher Verlag Hüthig Fachinformationen
Satz: Beate Soltész, Redline Wirtschaft, Wien
Druck: Theiss, St. Stefan im Lavanttal
Printed in Austria

5

Vom Rohrspatz zur Nachtigall

Jeder macht es! Der eine wie ein Rohrspatz, der andere wie ein Dreckspatz. Ich rede vom Schimpfen. Nun will ich dem Spatz nicht zu nahe treten, aber ein besonders bunter Zeitgenosse ist er nicht. Auch sein musikalisches Repertoire ist sehr überschaubar. Und so wie der Spatz nur wenige Blicke auf sich lenkt, so hört uns beim einfallslosen Schimpfieren kaum jemand zu. Das wiederum bringt unseren Stimmungspegel weiter in den Keller. Doch die Rettung naht. Andreas Rothers epochales Manifest der kunstvollen Schimpf-Kanonaden hilft uns bei der Mauser. Aus dem Rohrspatz wird die Nachtigall. Damit stehen wir endlich auch bei schlechter Laune im Mittelpunkt. Statt mit knarrender Stimme vor uns hin zu brummen, können wir nun die Tonleiter rauf und runter schimpfen. Die auf diese Weise kunstvoll angepflaumten Kollegen werden es zu schätzen wissen. Denn wer würde sich nicht über den Titel der Miss Blondschleiche freuen oder gerne als Mister Labermat in die Ahnengalerie seines Unternehmens eingehen?

Wir können allerdings nicht nur einzelne Personen, sondern gleich ganze Abteilungen mit unseren fiesen Sprüchen adeln. Dabei sollten wir auf das solide Fundament gegenseitiger Vorurteile bauen.[1] Haben z. B. wieder einmal die Logistiker dem Kunden den Dienst versagt, können wir sie als getunte Gabelstaplerfahrer und Paletten-Schubser schnell in ihre Container weisen. Auch die hoch gelobten Controller stellen wir als Ärmelschoner tragende Buchhalter und kleinkarierte Erbsenzähler ge-

[1] Peter Schütz: Grabenkriege im Management, Redline Verlag

konnt auf das Abstellgleis. Natürlich haben sich ebenfalls die Herum-Duzer und Pizza-Bring-Dienst-Abonnenten aus dem Bereich der blinkenden Server jeglichen Spott redlich verdient. Das gilt auch für die Betonfraktion aus der Produktion, die als Fortschrittsbremse und Maschinist am liebsten auf eingefahrenen Gleisen fährt. Es versteht sich von selbst, dass nur wir in unserem eigenen Bereich tadellose Arbeit verrichten. Zur üblen Nachrede besteht da keinerlei Anlass.

Sollten wir dennoch einmal Ziel eines hinterhältigen Dampfablassers werden, empfiehlt sich der spontane Konter. Das reichhaltige Schimpf-und-Schande-Menü des vorliegenden Werkes liefert uns hierfür genügend Munition. Wenn es uns dann noch gelingt, unsere Verbalinjurien mit einem Augenzwinkern zu versehen, werden wir vom Terminator zum Schimphator. Viel Spaß auf dem Weg dorthin!

Peter Schütz

Legende

Fach- und abteilungsspezifische Beleidigungen wurden für das schnellere Auffinden zusätzlich mit entsprechenden Icons versehen. Dabei bedeuten:

- Buchhaltung
- Controlling
- Einkauf
- Forschung und Entwicklung
- IT
- Logistik
- Marketing
- Personal
- Produktion
- Public Relations
- Vertrieb

A

Abreißkalendarier Die erste Amtshandlung des „Abreißkalendariers“ zu Beginn einer jeden Woche besteht darin, die Kalenderblätter für Samstag und Sonntag vom Kalender abzureißen und, während er danach seinen Mantel an die Garderobe hängt, mit innerer Genugtuung festzustellen, dass es bis Silvester schon wieder zwei Tage weniger sind.

Absatzästhet *auch* **Absatzfetischist** Der „Absatzästhet“ arbeitet in der Marketing-Abteilung und ist nicht bereit, die Schönheit eines Produkts, an dessen Entwicklung Heerscharen von Forschern jahrelang gefeilt haben, nach etwas anderem als schnöden Abverkaufszahlen zu beurteilen. Aus Sicht seiner eigenen Kollegen denkt er darüber hinaus etwas zu kurzfristig und nicht strategisch genug.

Abteilungsmutti Die „Abteilungsmutti“ kümmert sich rührend um alle, denen das lästig ist. Die wenigen, die das genießen, sind höchstwahrscheinlich → **Büropantoffler**.

Abwehrspezialist Der „Abwehrspezialist“ konzentriert sich vor allem darauf, neue Aufgaben und Ideen von vornherein weit von sich zu weisen, meistens mit der Begründung, dass das alles sowieso nicht geht und es genug andere gibt, die noch weniger zu tun haben. → **Innovationsallergiker**.

Adjutante Scherzhaft für: Assistentin, die sich auf dem besten Wege befindet, dereinst eine veritable → **Abteilungsmutti** zu werden.

Agendasklave Anstatt sich lässig und mit einer weltmännischen Geste über einengende Strukturen und Abläufe hinwegzusetzen, bevorzugt der „Agendasklave“ das Prinzip der übersichtlichen Ordnung. Starre und nicht aufweichbare Regeln gereichen ihm immer zur Freude, außer der einen vielleicht, die er nicht kennt und die besagt, Leute mit einer solchen → **Beamtenmentalität** nicht allzu weit kommen zu lassen.

Akadämiker → **Diplomschussel**.

Akten: Die Akten und die Toten Mit dem Verweis auf den literarischen Klassiker „Die Akten und die Toten" spielen Sie auf eine überraschende Kongruenz hinsichtlich der Leblosigkeit von Sache und Sachbearbeiter an.

Aktenhascherl *auch* **Aktenhätschler** Das „Aktenhascherl" zimmert sich sein unternehmerisches Weltbild aus Kurzbriefen und Telekom-Rechnungen zusammen. Es ist sehr zum Leidwesen seiner Kollegen oft übermotiviert und will sich überall dort einbringen, wo es die wenigste Ahnung mitbringt, also überall.

Aktenordner Bezeichnung für einen Kollegen mit ausgeprägter → **Beamtenmentalität**.

Aktenputtel Das „Aktenputtel" fristet ein freudloses Dasein hinter hohen Aktenschränken und träumt davon, einmal → **Miss Management** zu werden.

Aktenwallach Der Kollege, den Sie als „Aktenwallach" erkannt haben, verfügt in der Regel nicht einmal mehr über den nötigen Elan, um als *Aktenhengst* durchzugehen.

Aktienvernichter Der „Aktienvernichter" führt durch seinen kontraproduktiven Arbeitsstil den Aktienkurs Ihrer Firma direkt in das → **Shareholder Valley**. → **Erfolgsvermeider**.

Aktivträumer → **Kampfschläfer**.

Alcatraz Kosename für die eigene Abteilung, sofern man nicht der Chef ist. Vielleicht aber auch gerade dann.

Alchemist Forscher und Entwickler sind wundersame Menschen, die in allerlei Kochtöpfen rühren, Reagenzgläser schütteln und mit Vorschlaghämmern in immer gleichen Abständen von exakt einer Sekunde auf Motorhauben oder Glasplatten schlagen. Dem verständigen Beobachter entgeht dabei nicht, dass diese Tätigkeiten einem höheren Zweck dienen, der im Entdecken völlig neuartiger Substanzen und Formen besteht, die alles bisher Dagewesene mühelos in den Schatten stellen. Weisen Sie Ihre Kollegen mit dem „Alchemisten“ auf die großartige historische Tradition hin, in der sie sich sehen dürfen und stellen Sie mit dieser Bezeichnung gleichzeitig klar, dass Sie ihnen bei ihrer Arbeit viel Erfolg wünschen. → **Druide**, → **Element**, → **Miraculix**, → **Schamane**.

Allesfräser Mitarbeiter aus der Produktion haben gerade im Vergleich zu ihren Kollegen aus der Verwaltung und dem Management meist ein weitaus schwächer ausgeprägtes Selbstbewusstsein. Leisten Sie Ihren Beitrag zu mehr gegenseitiger Anerkennung, indem Sie mit dem „Allesfräser“ betonen, dass bei Beherrschen der jeweiligen Tätigkeit auch im technisch-gewerblichen Bereich letztlich nichts unmöglich ist.

Allroundlaie *auch* **Allrounddilettant** Der Arbeitserfolg hängt nicht zuletzt davon ab, dass man sich in seinem Fachgebiet auskennt. Die fachgerechte Ausführung von Aufträgen hängt mehr denn je von hochgradigem Spezialistentum ab. Von geradezu unschätzbarem Wert sind dabei Fachleute, die sich in einer Vielzahl verschiedenster Bereiche auskennen und deshalb zu Recht *Allroundexperten* genannt werden können. Weitaus weniger begehrt dagegen sind jene Mitmenschen, die auf jedem nur erdenklichen Gebiet den Amateurstatus nicht wirklich hinter sich gelassen haben. Warnen Sie Ihre Umwelt vor solchen „Allroundlaien" und regen Sie die betreffenden Personen, die sich oftmals ihrer eigenen engen Grenzen nicht bewusst sind, durch direkte Ansprache zu heilsamen Denkprozessen an. → **General-Allrounder**, → **Profiamateur**.

Alphaschaf Ein Leittier, das allerdings kein Wolf ist. → **Leitschaf**, → **Säbelzahnschnecke**.

Amt für Rechnungsunwesen Die überragende Funktion des Controlling besteht in der Prüfung von Projekten auf deren hinreichende Rentabilität. Dies betrifft sowohl abgeschlossene wie auch laufende oder geplante Projekte. Dabei besteht die Gefahr, dass selbst aussichtsreiche Vorhaben bereits in der Konzeptionsphase scheitern, weil der Wert einzelner Kennziffern sie als zu riskant erscheinen lässt, selbst dann, wenn das Projekt als insgesamt lukrativ gelten darf. Mit dem „Amt für Rechnungsunwesen" benennen Sie punktgenau die nicht zuletzt institutionell bedingte geistige Unbeweglichkeit der dort arbeitenden Kollegen, mit der sie ihre nicht selten sinnlosen oder irrelevanten Kalkulationen durchführen. → **Kennziffernkönig**.

Angestelltenverhältnis: die beiden haben ein Angestelltenverhältnis Jeder Arbeitsplatz ist ein potenzieller Nährboden für private Beziehungen. Verleihen Sie Ihrer Missbilligung solcher Verbindungen Ausdruck, indem Sie mit der gezielt geäußerten Vermutung eines „Angestelltenverhältnisses“ gleichzeitig die geistige und emotionale Enge einer derartigen Liaison anklingen lassen. → **Werkverkehr**.

Anhangvergesser *auch* **Attachment-Nachschicker** Der „Anhangvergesser“ verschickt jede Mail zweimal, wobei beim zweiten Mal dann der beim ersten Mal angekündigte Anhang tatsächlich dabei ist. Der Informationsgehalt der Mail erhöht sich bei diesem Kollegen dadurch aber meist nicht sonderlich. → **E-Mail-Fluter**.

anpacken: er kann kräftig mit anpacken lassen Immer wieder gibt es zeitliche Engpässe, die ein beherztes Zugreifen aller Beteiligten erfordern, unabhängig von der Stellung des Einzelnen in der Hierarchie. Eine willkommene Gelegenheit für jeden echten Vorgesetzten, wieder einmal unter Beweis zu stellen, dass er die praktischen Tätigkeiten an der Basis nicht nur nicht verlernt hat, sondern sie immer noch besser beherrscht als seine Mitarbeiter. Wenn einer Ihrer Kollegen im nächsten Führungskreis dafür gelobt wird, dass seine Abteilung in letzter Sekunde noch einen wichtigen Auftrag erledigt hat, versäumen Sie nicht, ihn zu verunglimpfen, indem Sie anerkennend nicken und wohlwollend bestätigen: „Ja, ja, der Kollege Meier, der konnte schon immer kräftig mit anpacken lassen.“ Damit bringen Sie klipp und klar auf den Punkt, dass es sich bei dem Kollegen um einen faulen Hund handelt, auf den nur insofern Verlass ist, dass er seine Mitarbeiter auch in größter Not konsequent hängen lässt.

Anrufbeantworter Gerade Mitarbeiter, deren Arbeit eher dem exekutiven Bereich zuzurechnen ist, neigen dazu, den

Wert ihrer Tätigkeit systematisch zu überschätzen. Holen Sie die betreffenden Kollegen auf den Boden der Tatsachen zurück, wenn Sie beispielsweise einer Sekretärin oder einem Assistenten vertraulich mitteilen, sie oder er sei doch auch nur „Anrufbeantworter“ ihres oder seines Vorgesetzten.

Anwender-Verächter Forscher und Entwickler neigen oft fatal dazu, das überlegene Leistungsvermögen ihrer neuesten Entdeckungen auch dadurch noch eindrucksvoller zu demonstrieren, dass sie den Nutzen für den Anwender so selten wie möglich erwähnen oder auch konkrete Verwendungsmöglichkeiten der betreffenden Innovation verheimlichen. Dies kann bis hin zur Verweigerung der Erstellung einer Bedienungsanleitung führen. Sprechen Sie diese vermarktungsfeindliche Komponente im Verhalten der ansonsten überaus geschätzten Kollegen gezielt an, wenn Sie sie das nächste Mal als „Anwender-Verächter“ bezeichnen. → **Nachfrageignorant**, → **Vermarktungsfeind**.

Anzeigenbaron Etwas abfällig für: Mitarbeiter aus der Marketing-Abteilung. → **Illusionist**, → **Vierfarbidylliker**.

apportieren *auch* **Männchen machen** Kollegen, von denen man sich am Stammtisch erzählt, sie könnten gut „apportieren“, sind bei Vorgesetzten ohne große Menschenkenntnis beliebt. Alle anderen vermissen bei dieser Spezies einfach einen Hauch von Rückgrat.

Arbeit: versuchen Sie’s doch mal mit Arbeit Mitarbeiter haben oftmals die Neigung, bei Vorliegen von Problemen allzu schnell auf die Hilfe eines kompetenten Kollegen oder Vorgesetzten zurückzugreifen, anstatt durch *learning by doing* wertvolle eigene Erfahrungen zu sammeln. Scheuen Sie sich nicht, wenn Sie das nächste Mal um Hilfe gebeten werden, den Rat Suchenden auf eigene Potenziale aufmerksam zu machen und zu eigener Initiative anzuregen. Ein lässiges „Versuch's doch mal mit Arbeit!" hat schon in vielen Fällen zu erhellenden Einsichten geführt und bei zahlreichen gerade jungen Kollegen den löblichen Ehrgeiz geweckt, sich in Zukunft wichtige Sachverhalte von der Pike auf selbst zu erarbeiten.

Arbeit: ohne Arbeit hätte der doch überhaupt keine Erholung Hart ist alle Arbeit, und sie sorgt in der Regel auch dafür, dass man am Ende eines beschwerlichen Tages den Grad an Müdigkeit erreicht hat, der in der Regel als *rechtschaffen* bezeichnet wird. Dieser verhindert im Normalfall auch weitere Kräfte raubende Freizeitaktivitäten, die die Grenzen der physischen Belastbarkeit sprengen und eine Regeneration des ausgemergelten Körpers für den folgenden Arbeitstag verlangsamen, wenn nicht gar verhindern würden. In einem besonderen Dilemma befinden sich damit Kollegen, die ihre Freizeit nicht in reiner Kontemplation und Meditation verbringen, sondern sich in grundsätzlich löblicher Weise für die verschiedensten Zwecke – zumeist auch noch ehrenamtlich – engagieren wollen. Stellen Sie sich schützend vor diese tragenden Säulen unserer Gesellschaft, indem Sie etwaigen Anfeindungen Dritter gezielt entgegentreten und eindeutig klarstellen: „Der Schneider hätte ohne Arbeit doch überhaupt keine Erholung!"

Arbeitgeberverband

🕴 Eher abfällig für: Personalabteilung.

Artenschutz Scherzhaft für: Kündigungsschutz. Kollegen, die unter „Artenschutz“ stehen, haben es versäumt, mit der Zeit zu gehen. Sie arbeiten überdurchschnittlich oft im → **Jurassic Park**.

Aufwärtsentsorgung *auch* **Nach-oben-Entsorgung** Das Gesetz der Peter-Pyramide besagt, dass Mitarbeiter in Organisationen so lange aufsteigen, bis sie an die offenkundigen Grenzen ihrer Inkompetenz stoßen. Was für Sie wiederum bedeutet, dass, wenn einer Ihrer Kollegen in den Genuss einer Beförderung gerät, dies regelmäßig nicht seiner Qualifikation geschuldet sein dürfte – was bei Ihnen selbst sicherlich ganz anders wäre. Falls also demnächst mal wieder einer nachfragt, ob der Meier denn nicht mehr hier arbeitet, können Sie trocken antworten: „Der Meier? Den haben sie nach oben entsorgt.“

Aufzugfurzer Der „Aufzugfurzer“ nutzt die Unentrinnbarkeit einer Situation, um die Motivation seiner Kollegen bereits in aller Herrgottsfrühe auf eine harte Probe zu stellen.

au pair Etwas abfällig für: Sekretärin. → **Schwester**, → **Stewardess**.

Ausdenker Sehr verächtlich für: Kollege aus der Forschungs- und Entwicklungsabteilung.

Ausflug Kollegen, die gerade mal wieder einen „Ausflug“ machen, arbeiten höchstwahrscheinlich im Vertrieb oder sind im Logistikbereich tätig. → **Gegend**.

Auslage Scherzhaft für: Empfangs-/Eingangsbereich eines Unternehmens.

Auslastungsfetischist Flexibilität in der Produktion erlaubt, Schwankungen der Nachfrage möglichst zeitnah aufzufangen. Gerade Mitarbeiter im Fertigungsbereich erweisen sich hier oft als wenig anpassungsfähig, wenn sie ausschließlich darauf achten, dass „die Bänder nicht still stehen". Mit dem „Auslastungsfetischisten" bringen sie auf den Punkt, dass der so angesprochene, engstirnige Kollege allemal lieber auf Halde produziert als die Überstunden abzubauen, mit denen er seinen Urlaub zu finanzieren gedenkt. → **Losgrößenmaximierer**, → **Outputästhet**.

Aussichten: er hat die besten Aussichten hinter sich Die Hoffnung, im Laufe einer nicht allzu langen Zeitspanne einige Hierarchiestufen weiter aufwärts zu steigen, beflügelt nicht wenige Kollegen zu wahren Höchstleistungen, die ihre Perspektiven tatsächlich nicht selten verbessern. Mit dem Urteil „Der hat die besten Aussichten hinter sich." machen Sie Vorgesetzten und Mitarbeitern klar, dass der betreffende Kollege nicht nur nichts mehr zu erwarten hat, sondern vielleicht sogar in die falsche Richtung arbeitet.

Autodidakt Mit dem „Autodidakten" treffen Sie sensible Zielsubjekte ins Mark, besagt diese Schmähung doch nicht weniger, als dass der so Bezichtigte sich wirklich nur das hat selbst beibringen können, was man sich selbst beibringen kann.

Automatikfahrer Mobilität ist eines der großen Erfordernisse unserer Zeit. Und sie ist untrennbar verknüpft mit der Geschwindigkeit, mit der wir auf Geschäftsfahrten wie auch auf Privatreisen Ziele erreichen wollen: Zeit ist Geld. Wer den Straßenverkehr dem Schienenweg vorzieht, weiß, was das bedeutet: Da muss man auch schon mal auf der äußersten Überholspur in den dritten Gang zurückschalten können, um anschließend unter lautem Aufheulen des Motors die Nadel unverzüglich in den roten Drehzahlbereich zu jagen und souverän am Ferrari auf der mittleren Spur vorbeizuziehen. Dazu braucht es natürlich eine voll funktionsfähige Fünfgangschaltung. Es ist jedem Anwesenden sofort klar, dass der Kollege, dem Sie ein verächtliches „Automatikfahrer!" zufauchen, nicht lediglich ein armer Tropf ist, der nie in den Genuss sportlich ambitionierter Dienstreisen kommen wird, sondern jemand, der sich höchstwahrscheinlich auch noch vorsätzlich an übertriebene Vorsichtsregeln hält und, um das Maß endgültig voll zu machen, vermutlich mit Hut fährt.

Azubi-Kümmerer Anstatt den Kids die Flausen aus dem Kopf zu treiben, ist der „Azubi-Kümmerer" um ein harmonisches Miteinander bemüht. Das hält ihn nicht nur von seiner eigenen Arbeit ab, sondern sehr wahrscheinlich auch vom Aufstieg in knallharte Führungspositionen. → **Praktikantenschoner**.

B

Baldrian Der Arbeitsalltag ist rau genug, so dass gerade sensible Gemüter sich nicht selten in den verschiedensten Zwangslagen wiederfinden und Bedrohungen von allen möglichen Seiten ausgesetzt sehen. Versäumen Sie nicht, Kollegen lobend zu erwähnen, die sich für die Unbilden des Berufslebens rechtzeitig wappnen, indem Sie beispielsweise im vertraulichen Gespräch mit einem Tonfall von Anerkennung und Respekt berichten: „Der Schneider liest die Börsenkurse auch nie ohne seinen Baldriantee."

Barwertmajor Die Unbestechlichkeit, mit der ein Controller die Rentabilität von Projekten überprüft, wird ihm von vielen Kollegen fälschlicherweise als Ignoranz ausgelegt. Mit dem „Barwertmajor" bauen Sie ihn wieder auf und geben ihm das schöne Gefühl, das eine, was er kann, wenigstens souverän auszuführen. → **Kalkulator**, → **Kennziffernkönig**, → **Kostenabschaffer**.

Bastelstube Schon NIETZSCHE wusste, dass der Mann erst dann wirklich zum Manne gereift ist, wenn er den Ernst des Kindes beim Spiel wiedergefunden hat. Während eine Vielzahl beruflicher Tätigkeiten aus den verschiedensten Gründen die heitere Selbstvergessenheit des kreativen Zeitvertreibs überhaupt nicht aufkommen lässt, genießen Forscher und Entwickler hier große Freiräume, die ihnen hinreichend Möglichkeiten zur Selbstverwirklichung bieten. Wann immer es sich ergibt, darauf hinzuweisen, deuten Sie mit der „Bastelstube" entsprechend an, dass es in Ihrem Unternehmen noch echte Reservate ungetrübter Authentizität gibt. → **Hobbykeller**, → **Kochstudio**, → **Spiel- und Spaßlabor**.

Beamer-Lahmleger Der „Beamer-Lahmleger“ schaltet den Beamer ein, und schon reagiert das Gerät nicht mehr auf Signale aus dem PC. Es scheint sich bei dieser Spezies um eine generelle Inkompatibilität der Systeme *Mensch* und *Präsentationstechnik* zu handeln. Das Problem wird meist noch dadurch verschärft, dass man es gleichzeitig mit einen → **Hausmeister-kommen-Lasser** zu tun hat.

Beamtenmentalität Kollegen mit einer „Beamtenmentalität“ kennen für jedes Problem eine passende Richtlinie und wissen, wie man das dort beschriebene Formblatt fachmännisch ausfüllt. Darüber hinaus sehen sie meist weder sich noch andere zu Höherem berufen und sind meistens auch noch → **Überstundenbeantrager** und → **Pünktlichkommer**.

Bedarfsignorant Einkäufer sehen sich vor die überaus wichtige Aufgabe gestellt, ihre Kollegen mit genau den Materialien und Arbeitsmitteln zu versorgen, die optimale Arbeitsprozesse und -ergebnisse sicherstellen. Genau in dieser Funktion liegt oft ein nicht unerhebliches Problem: Aufgrund seiner zahlreichen Einkaufstouren – oder was er als solches abrechnet – fehlt dem Einkäufer meist der Einblick in die konkreten Anforderungen der Praxis. Und selbst wenn er über die Zeit verfügte, entsprechende Memos seiner Kollegen zu lesen, sieht er sich doch regelmäßig den Marketinganstrengungen seiner Lieferanten ausgesetzt, die eine rationale und sachgerechte Kaufentscheidung erschweren, wenn nicht gar unmöglich machen. Lösen Sie mit dem „Bedarfsignoranten“ selbstkritische Reflexionen darüber aus, ob eine schöne Verpackung oder ein normalerweise Skepsis auslösender Niedrigpreis auf Dauer wirklich die einzigen Kriterien für eine zufrieden stellende

Einkaufsentscheidung sein können. → **nicht gut, aber günstig**.

Bein: er reißt anderen ein Bein aus → **anpacken**.

Belegleser „Keine Buchung ohne Beleg!" Das erste Gebot eines jeden Buchhalters unterstreicht nicht nur die Sorgfalt, mit der eine der Königsdisziplinen unter den betrieblichen Funktionsbereichen ausgeübt wird – es verweist gleichzeitig dezent auf die mühevolle Kleinarbeit, die auf denjenigen zukommt, der sich für eine solche Tätigkeit entscheidet. Mit dem „Belegleser" beweisen Sie nicht nur, dass Ihnen die oft qualvolle geistige Enge der Aufgaben eines Buchhalters nicht unbekannt ist, sondern dass Sie dem betroffenen Kollegen Respekt zollen für die maschinengleiche Akkuratesse, mit der er die täglichen Herausforderungen des Berufslebens meistert. → **Kontosaurus**.

Belegschaftsklempner Der „Belegschaftsklempner" arbeitet in der Personalabteilung und schreitet überall dort zur Tat, wo sich Kollegen gegenseitig nicht nur das Leben, sondern auch noch die Arbeit schwer machen, also überall. Er weiß zwar auch nicht immer so genau, was zu tun ist, hat aber meistens noch ein paar Seminarplätze frei. → **Kollegenkümmerer**, → **Personalbesänftiger**, → **Workshopmessias**.

Belegstation Die ständige und ausschließliche Beschäftigung eines Buchhalters mit schriftlichen Belegen sämtlicher Geschäftsvorfälle lässt hohe Gefahren für die seelische Ausgeglichenheit und Gesundheit dieser Berufsgruppe vermuten. Indem Sie Ihre Buchhaltung als „Belegstation" bezeichnen, deuten Sie humorvoll die Nähe zum klinischen

Bereich an und bauen auf diese Weise Schwellenängste ab. → **Belegleser**.

belegte Brötchen Alter Buchhalterscherz, der auf den Umstand verweist, dass selbst das unbedeutendste spontane *business lunch* nicht abgerechnet werden kann, wenn keine entsprechende Quittung vorliegt.

Bereitschaftsdienst Ein Kollege, der gerade „Bereitschaftsdienst" schiebt, ist sehr wahrscheinlich nicht für das bloße Auge erkennbar aktiv und befindet sich vermutlich im Zustand der → **Wärmestarre**.

Bereitstellungsverhinderer Die Aufgabe eines Logistikers besteht in der Aufrechterhaltung des Material- und Warenflusses und der zeitgerechten Bereitstellung der erforderlichen Güter. Die Ausdifferenzierung des Produktionsprozesses und die Ausdehnung von Fertigungsstätten in die Fläche bedeuten eine stetig wachsende Herausforderung, der nur wenige gewachsen sind: Erfolgreiche Logistik in komplexen Systemen erfordert ganzheitliches Denken *und* Handeln. Wenn Sie das nächste Mal Ihren Kollegen als „Bereitstellungsverhinderer" bezeichnen, machen Sie ihm klar, dass er in seiner zentralen Funktion gescheitert ist und dass es letztendlich auch nicht Ihr Problem sein kann, wenn dieses Scheitern – wie er nicht müde wird zu betonen – vielleicht wirklich auf einer systembedingten Zwangsläufigkeit beruht. → **Heumarer Dreieck**, → **Fehllieferung**.

Bernsteinzimmer Scherzhaft für: Vorstandsbüro.

Beschaffungsoffizier
Scherzhaft für: Einkaufsprofi.

Besorger
Reichlich abfällig für: Einkaufsprofi.

Betriebsausgabe Der Kollege, den Sie nicht sehr freundlich als „Betriebsausgabe" bezeichnen, kostet die Firma wohl mehr, als er ihr einbringt.

betriebsblond → **Blondschleiche**.

Betriebsratspetze Gerade in Zeiten außerordentlich hoher Arbeitsbelastung kann nicht immer mit der gewohnten Sorgfalt darauf geachtet werden, dass arbeitsrechtliche Bestimmungen und Betriebsvereinbarungen bis ins Detail eingehalten werden. Bei „Betriebsratspetzen" handelt es sich ganz klar um Kollegen, die auch nur den geringsten Verdacht auf Regelverstoß zum Anlass nehmen, dieses oder jenes Kavaliersdelikt zur Staatsaffäre aufzubauschen. Mit dem entsprechenden Vorwurf machen Sie deutlich, dass der dermaßen Geschmähte nicht nur Verrat an den Firmenzielen übt, sondern auch unfähig ist, einen Konflikt persönlich in fairer Auseinandersetzung auszutragen.

Betriebsunvermögen Kollegen, die zum „Betriebsunvermögen" gehören, darf man zu Recht auch als → **Betriebsausgabe** bezeichnen.

betrüblich Die „betrüblich" veranlassten Ausgaben eines Kollegen zeugen eher von extensiv gelebtem Betriebsluxus denn von kaufmännischem Denken.

Bewirtungsbeleganzweifler Die Aufgabe eines Controllers besteht darin, das Erzielen einer hohen Rendite sicherzustellen und zu diesem Zweck Projekte und Prozesse zu prüfen und deren etwaige Optimierung einzuleiten. Da der Controller in Ermangelung der nötigen Markterfahrung kaum Einfluss auf den Umsatz hat, stürzt er sich regelmäßig auf die Kosten, die ebenfalls einen nicht unerheblichen Einfluss auf die Höhe des Gewinns haben. Die Tatsache, dass ihm sein Partialziel den Blick für das Ganze zwangsläufig verstellt, führt oft zu sehr kleinlichen Kritikastereien, was Sie ihm mit dem „Bewirtungsbeleganzweifler" vielleicht sogar sinnfällig vor Augen führen können. → **Fahrscheinkontrolleur**, → **Kennziffernkönig**.

Bilanzosoph Der „Bilanzosoph" arbeitet in der Buchhaltung und kennt die ganze Palette betrieblicher Probleme von *Soll* bis *Haben*, so dass man mit ihm immer eine niveauvolle kleine Plauderei über die korrekte Verbuchung uneinbringlicher Forderungen anfangen kann.

Bildschirmschoner Der Computer ist aus der Arbeitswelt nicht mehr wegzudenken. Wann immer einer Ihrer Kollegen für eine Tätigkeit vorgeschlagen wird, die eine gewisse Vertrautheit mit der elektronischen Datenverarbeitung voraussetzt, halten Sie mit Ihren Zweifeln an der fachlichen Eignung des Kandidaten nicht hinter dem Berg: „Der Meier? Der ist doch ein ausgesprochener Bildschirmschoner!" Das genügt in aller Regel, um die Anwesenden darauf hinzuweisen, dass der Termin verstrichen sein wird, wenn der Kollege herausgefunden hat, wie man einen PC startet oder wie ein Fenster unter Windows zu öffnen ist.

Bildungsminister *auch* **Erziehungsminister** Scherzhaft: Kollege aus der Personalentwicklung. → **Workshopmessias**.

Bitman [bi'tmän] Die Comicfigur *Batman* ist bekannt für kühnes und beherztes Eingreifen zugunsten der gerechten Sache.

Bösewichte und finstere Gesellen haben gegen den Helden keine Chance. Nicht selten wünscht man sich, selbst eine solche Rolle spielen zu können, und nur wenigen gelingt es, einen schier aussichtslosen Kampf gegen drohendes Unheil nicht nur aufzunehmen, sondern auch für sich zu entscheiden. Warum nicht diesen Kollegen Anerkennung zollen? Gerade die IT-Berufe aller Couleur sind aufgrund der ständigen Auseinandersetzung mit widerspenstigen Bits und Bytes geradezu prädestiniert dafür, längst überfälligen Lorbeer entgegenzunehmen. Versäumen Sie also nicht, wenn Sie das nächste Mal einen Computerfachmann benötigen, um irgendwelchen Viren den Garaus zu machen, für alle Anwesenden laut hörbar zu sagen: „Es hilft alles nichts. Wir müssen Bitman rufen." → **DJ**.

Bitparade Die „Bitparade" findet statt, wenn gleich zwei oder 🖫 mehr ITler anmarschiert kommen, um sich mal eingehender um Ihr Hardwareproblem zu kümmern. Sie verheißt meist nichts Gutes.

Blechbüchsenarmee
⚒ Scherzhaft für: Produktionsmitarbeiter.

Bleistiftnager *auch* **Bleistiftbiber** Der „Bleistiftnager" kaut auf seinem Schreibgerät herum, sobald der Chef den Mund aufmacht, um die neueste Vision zu verkünden, die regelmäßig in unerfüllbare Arbeitsaufträge mündet. Da sein Nervositätslevel den Bereich *„aktivierend"* verlassen hat und längst bei *„kontraproduktiv"* angelangt ist, kann man diese Spezies nicht wirklich für Höheres empfehlen.

Bleistiftsortierer Die Ausübung koordinierender und planender Tätigkeiten verlangt visionäre Weitsicht und Charisma. Die Entwicklung zukunftsfähiger Konzepte setzt den *helicopter view* voraus, der sich dadurch auszeichnet, dass man sich nicht von unnötigen Details ablenken lässt und die praktischen Tätigkeiten des Alltags am besten anderen überträgt. Der „Bleistiftsortierer" hingegen fängt nicht an zu denken, bevor er seine Bleistifte der Größe nach neben der Schreibunterlage aufgereiht hat, und selbst dann drehen sich seine Gedanken noch eine geraume Zeit um die Frage, ob eine Sortierung nach dem Härtegrad der Stifte nicht mindestens ebenso sinnvoll, wenn nicht gar zweckmäßiger wäre. Geißeln Sie das. Eine kleinkarierte Amtsstubenhaltung bringt Ihre Firma nicht weiter, und wem nützt es, wenn der Insolvenzverwalter alles schön ordentlich vorfindet! → **Schreibtischaufräumer**, → **Tellerrand-Visionär**.

Blender *auch* **Booster** Reichlich verächtlich für: Mitarbeiter aus dem Marketing. → **Gaukler**, → **Illusionist**.

Blindenstraße Flur durch den → **Jurassic Park**.

Blondschleiche Die „Blondschleiche" ist sich ihrer Reize durchaus bewusst und funktioniert endlose Flure gerne einmal zum Laufsteg oder besser: Schleichsteg um. Deswegen lässt → **Daniel Drüsentrieb** in der Regel auch gerne seine Bürotür offen.

B-Netz-Veteran Der „B-Netz-Veteran" hat noch die Einführung der mobilen Telekommunikation erlebt und schwärmt seitdem von den Zeiten, als das Mitführen eines Mobiltelefons noch Beweis außergewöhnlicher Muskelkraft war. Er hat kein Verständnis dafür, dass heutzutage wirklich jeder ein paar Gramm Handy mit sich herumtragen kann und träumt davon, sein eigenes immer noch in einem kleinen Handkarren hinter sich herzuziehen. Er ist ein → **Innovationsallergiker** und haust im → **Jurassic Park**. → **Rentnerband**.

BOGOF (**buy one, get one free** [bai uan gät uan frih]) Einkäufer für Organisationen haben nicht selten komplexe und kaum strukturierte Entscheidungen zu treffen. Da ist es nahe liegend, wenn sie sich beim Einkauf an Verhaltensmustern orientieren, die in ihrem Privatleben längst zu standardisierten Programmen geworden sind. Dies hat Auswirkungen sowohl auf die Qualität des eingekauften Materials wie auch auf die tatsächlich beschafften Mengen, für die nach einem unvorhergesehenen günstigen Spontankauf vielleicht nicht mehr ganz so viel Budget übrig blieb. Wenn in der nächsten Projektrunde Ihr Chefeinkäufer aufsteht und dienstbeflissen ankündigt, sich um das erforderliche Material zu kümmern, vergessen Sie nicht, mit gerunzelter Stirn ein äußerst skeptisches „Buy one, get one free." zu bedenken zu geben, was mitunter sogar zu einer tatsächlichen Verhaltensänderung führen kann, mit Sicherheit aber eine interessante Diskussion auslöst. → **Dutzend**, → **Payback-Karte**, → **Sonderangebot**.

Brancheninformationsdienst → **Eva Herman**.

Bravo Wenn Sie die aktuelle Ausgabe der Kundenzeitschrift Ihres Unternehmens als die neue „Bravo" bezeichnen, wird das die Kollegen aus der PR-Abteilung nicht unbedingt freuen.

bremsen: der bremst auch für Tiere Pünktliches Erscheinen beim Kunden ist ein Zeichen der Höflichkeit und des

Respekts, das man keinem Geschäftspartner vorenthalten sollte. Dieses Erfordernis einzuhalten ist grundsätzlich leicht. Voraussetzung ist die rechtzeitige Inanspruchnahme eines Verkehrsmittels. Dabei müssen allerdings Pufferzeiten berücksichtigt werden. Wenn Ihnen ein Kollege das nächste Mal erzählt, mit wem er demnächst dienstlich unterwegs ist, versäumen Sie nicht, ihn darauf hinzuweisen, indem Sie vertraulich mitteilen: „Mit dem Krause? Der bremst doch auch für Tiere!" → **Automatikfahrer**.

Briefbogenkünstler Die Aufgaben der Öffentlichkeitsarbeit sind vielfältig. Ein glaubwürdiges und einheitliches Erscheinungsbild einer Firma nach außen wie nach innen zu vermitteln, verlangt gleichermaßen kreative Intuition wie handwerkliche Sorgfalt sowohl in großen wie auch in kleinen Dingen. Der Effekt einer geschmackvoll gestalteten Visitenkarte ist gewiss nicht zu unterschätzen. Erweisen Sie der Tätigkeit Ihrer PR-Kollegen den längst fälligen Respekt, wenn Sie sie das nächste Mal mit einem aufmunternden Lächeln als „Briefbogenkünstler" bezeichnen. → **Layouter**, → **Schriftgrößenmanager**, → **Typopath**.

Briefe von der Front Scherzhaft für: Bewirtungs- und sonstige Belege, die ein Vertriebskollege zwischen zwei Touren mal eben auf die Schnelle einreicht. → **Tresenabrechnung**.

Broadway Etage, in der die PR-Abteilung arbeitet. → **Vorstandsballett**.

Bruder Lästig Scherzhaft für einen etwas aufdringlichen Kollegen, der nicht allzu selten im Vertrieb arbeitet. → **Krawallerie**.

Brühwürfelverherrlicher Der gnadenlose Wettbewerb zwingt die Kollegen aus dem Marketing dazu, noch aus den unbedeutendsten Produkteigenschaften die größtmögliche Sensation zu machen. Vor allem Forscher und Entwickler halten diese oft auch auf die persönliche Selbstdarstellung abfärbende Mentalität für bedenklich und stellen sie nur allzu gerne mit dem „Brühwürfelverherrlicher" oder einer entsprechenden Anpassung an ein nicht weiter erwähnenswertes Produkt aus ihrem Hause bloß. → **Anzeigenbaron**, → **Früchtewürfel auf Frühlingswiese**, → **Tütensuppenapotheose**.

Brüter: langsamer Brüter Dass manche Tätigkeiten, vor allem im Forschungs- und Entwicklungsbereich, erhebliche gedankliche Vorleistungen erfordern, bevor es mit der auch für das bloße Auge wahrnehmbaren Arbeit endlich losgeht, ist unbestritten. Dass auch geistige Prozesse dem Wettlauf um die Zeit unterliegen, sollte für verantwortungsbewusste Mitarbeiter ebenso eine Selbstverständlichkeit sein. Stellen Sie mit dem „Langsamen Brüter" klar, dass das offenbar nicht jedem Kollegen so bewusst ist wie Ihnen.

Buchführung: einfache Buchführung Die *doppelte Buchführung* ist zumindest aus Sicht derer, die sie ausüben, das Rückgrat einer jeden Firma. Der Kollege, dem Sie die Beherrschung der „einfachen Buchführung" bescheinigen, hat in fachlicher Hinsicht noch einen langen Weg vor sich oder wirtschaftet einfach auch mal gerne in die eigene Tasche.

Buchmacher

→ **Belegleser**.

Bude → **Kiosk**.

Budgetunterschreiter Der „Budgetunterschreiter" kriegt es nicht mal hin, die bewilligten Mittel bis zum Jahresende zu verbraten. Und wundert sich dann noch, wenn er nächstes Jahr wieder darum kämpfen muss.

Bügelfaltler So nennen Sie Kollegen, die anders als Sie keinen Kittel oder Overall am Arbeitsplatz tragen, wenn Sie der Überzeugung sind, dass diese Berufskleidung der einzig legitime Nachweis für redliche Arbeit ist. → **Frackaffe**.

Büropantoffler Die erste Tätigkeit des „Büropantofflers" nach seinem Eintreffen im Büro besteht im Wechseln des Schuhwerks. Wenn es auch grundsätzlich löblich ist, dass sich Mitarbeiter im Office *wie zu Hause* fühlen, steht in diesem Fall zu befürchten, dass eine Verwechslung von Wohn- und Arbeitszimmer stattfindet.

Bürostauballergiker Manche Kollegen können sich offenbar nicht so lange in geschlossenen Räumen aufhalten, wie sie es vielleicht gerne möchten. Der „Bürostauballergiker" flieht deswegen die engen Firmenmauern, ist oft geschäftlich unterwegs, meditiert draußen im Park oder ist irgendwie sonst einfach nicht da. → **Phantom**.

BWL-Abendstudium Wenn Sie einen Kollegen aus der Forschungsabteilung der Teilnahme an einem „BWL-Abendstudium" verdächtigen, zielen Sie damit auf seinen heimlichen Wunsch ab, dereinst seine Innovationen selbst vermarkten zu können.

C

C-Kunden-Beschaffer Geschäftserfolg beruht auf den Kunden, die man für das eigene Angebot begeistern kann. Auch wenn grundsätzlich jeder Kunde wichtig ist, lassen sich längst nicht alle gleichermaßen lukrativ entwickeln. Schmähen Sie selbst Ihren absoluten Starkverkäufer, indem Sie ihn als „C-Kunden-Beschaffer" oder „C-Kunden-Aufreißer" der Ineffizienz seines Tuns bezichtigen, die sehr viel weniger einer schwierigen Marktsituation als vielmehr persönlicher Unfähigkeit geschuldet ist.

Callgirl [kohl görl] Der direkte Draht zum Kunden ist unersetzlich. Zum einen, um diesen überhaupt erst zu kontaktieren und akquirieren, zum anderen, um seine Beschwerden entgegenzunehmen, nachdem er das verkaufte Produkt zum ersten Mal ausprobiert hat. Das Gespräch mit den Kunden übernimmt das Marketing-Management durchweg nicht persönlich, da der Kontakt mit leibhaftigen Vertretern der Zielgruppe aufgrund erheblicher Unterschiede in der Sozialisation in aller Regel etwas peinlich ist. Dafür gibt es Damen, die normalerweise in einem so genannten *Call-center* sitzen, weswegen man diese Kolleginnen völlig zu Recht auch „Callgirl" nennen darf.

Cashtest [käsch test] Zum „Cashtest" beim Controlling müssen sämtliche Ihrer Projekte, bevor sie realisiert werden können. Ein *Cashtest Dummy* ist übrigens die Finanzierungsrechnung zu einem von Ihnen nicht ernsthaft verfolgten Vorhaben, die Sie zwischendurch einfach mal so an Ihren → **Kalkulator** schicken, damit er auch immer genug zu tun hat.

Chartritis Der Kollege, der für ein dreiminütiges Statement nicht weniger als fünfzig Balkendiagramme vorbereitet, leidet sehr, sehr wahrscheinlich an „Chartritis".

Chatlag [tschätt läg] Scherzhaft für: Anlaufzeit nach einer unterhaltsamen und belanglosen Plauderei, bevor man wieder zur Arbeit zurückkehrt.

Chatroom [tschätt ruhm] Scherzhaft für: Büro besonders geschwätziger Kollegen.

Cheerleader [tschier li'hder] PR-Mitarbeiter sorgen dafür, dass Entscheidungen und Maßnahmen des Vorstands jederzeit in rechtem Licht erscheinen. Mit dem „Cheer Leader" bringen Sie auf den Punkt, wie wichtig es ist, die Massen auf ein großes gemeinsames Ziel einzuschwören. → **Fassadenreiniger**, → **Vorstandsgroupie**.

Chef-Vorlasser Das Respektieren von Hierarchien und das Einhalten von Dienstwegen ist für funktionierende Organisationen überlebensnotwendig. Die Missachtung von Stellungen und Kompetenzen führt zu Chaos, Anarchie und abbröckelnder Kundschaft. In aufgeklärten Gesellschaften fallen jedoch dienstlich geschuldeter und rein auf der zwischenmenschlichen Ebene zu zollender Respekt oft auseinander. Dies hat der „Chef-Vorlasser" bestenfalls oberflächlich verinnerlicht, wenn er aus purer Servilität noch einmal von der Aufzugtür zurückweicht, um einem Vorgesetzten den Vortritt zu lassen. Lassen Sie diesen charakterlichen Defekt nicht unausgesprochen, deutet er doch eine fatale Tendenz zur Unterwürfigkeit an, die in anderen Situationen (Kunden, Finanzamt) verhängnisvoll sein kann. → **apportieren**.

Chip Chip Hurra Das rufen Sie Ihrem IT-Kollegen nach, wenn er bereits ein bis zwei Jahre nach Ihrer Bedarfsanforderung den fehlenden Halbleiterbaustein montiert hat, der Ihren PC wieder zum Laufen bringt.

chronisches Leiten Der Vorgesetzte, bei dem Sie ein „chronisches Leiten" konstatieren, kommt alle fünf Minuten in die Büros seiner Mitarbeiter geschneit, um sich nach dem aktuellen Stand der Dinge zu erkundigen und um seinen Schutzbefohlenen mitunter sogar zu zeigen, wie man das jeweilige Projekt fachkundig angeht. Letzteres vor allem dann, wenn er von den einzelnen Arbeitsschritten nicht den blassesten Schimmer hat.

Claudio Abbado Scherzhaft für: Kollege, der bei seinen Wortbeiträgen immer wieder gerne einmal mit vollem Körpereinsatz arbeitet. → **Feldwedel**.

Containermichel
✈ → **Hochstapler**.

D

Daheim-Anrufer Der „Daheim-Anrufer" versichert sich zwischendurch immer wieder mal der Zuneigung seiner Lieben zu Hause und rechtfertigt sich auch noch dafür, dass er heute Abend dann leider doch nicht den Nikolaus spielen kann, weil es im Büro mal wieder etwas länger wird. Das disqualifiziert ihn für Jobs, in denen ein hoher Autonomiegrad gefordert ist.

Daniel Drüsentrieb Scherzhaft für: Mitarbeiter, der ab und zu mal ein Auge auf die eine oder andere Kollegin wirft.

Daniel Düsentrieb Die Kollegen aus der Forschungsabteilung entwickeln oft die unglaublichsten Dinge, die, wenn sie erst einmal zur Vermarktungsreife gebracht wurden, mitunter sogar einen gewissen Nutzen für den Kunden bedeuten können. Honorieren Sie das doch einmal, wenn Sie Ihre Kollegen demnächst mit großen und bekannten Vorbildern vergleichen, die ihrem Umfeld zumindest für den Zeitraum der Funktionsfähigkeit ihrer Erfindungen aus mancher Patsche helfen konnten. → **Dr. Jekyll**, → **Frankenstein**.

...-Darsteller Die Beziehungen des Menschen zu seiner Umwelt sind neben dem, was er *ist*, auch definiert durch die *Rolle*, die ihm in der jeweiligen Situation zukommt. Eine der von ihrem Anspruch her fundamentalsten Beleidigungen zielt darauf ab, die objektive Funktion, die ein Kollege ausübt, als bloße Rolle umzudeuten, die der Beschuldigte *spielen* muss, da er nicht *ist*, was er laut Stellenbeschreibung sein sollte. Den „Chef-Darsteller" oder „Kollegen-Darsteller" können Sie übrigens noch lässig toppen, wenn Sie ihn zum jeweiligen „Laiendarsteller" herabwürdigen.

Datei-Manager Ähnlich wie so mancher Produktionsmitarbeiter kämpfen auch Kollegen aus dem EDV- und IT-Bereich mit dem Makel, Produktionsfaktoren nicht miteinander zu *kombinieren*, sondern lediglich zu *sein*. Mit dem „Datei-Manager" können Sie den für Sie zuständigen EDV-Betreuer etwas aufmuntern, da der Begriff eine entsprechende organisatorische Tätigkeit suggeriert und dem so Angesprochenen aufgrund der täglichen Begegnung in irgendeinem Windows-Fenster auch noch verständlich ist. → **DJ**, → **Festplattendirektor**.

Datendrang: er hat einen ausgesprochenen Datendrang *auch* **er lässt seinen Worten Daten folgen** Der Erfolg eines Unternehmens hängt nicht nur von überzeugenden Konzepten und Plänen ab, sondern auch von den Maßnahmen zu ihrer Umsetzung und Realisation. Ohne Taten keine Erfolge. Diese Sicht der Dinge wird nicht in jedem Fall von allen Kollegen gleichermaßen geteilt. Forscher können oft wochenlang tüfteln und nachdenken, ohne sich auch nur zur geringsten Anstrengung verpflichtet zu fühlen, wenigstens diese oder jene chemische Formel auch mal in der Praxis auszuprobieren. Ganz ähnlich geben sich EDV- und IT-Kollegen gerne dem ungehemmten Spiel mit Bits und Bytes hin, bis Sie sie schließlich noch ein-, zwei-, dreimal an den Programmierauftrag erinnern müssen, den Sie vor gut einem halben Jahr erteilten. Warnen Sie Ihre Kollegen mit einer gezielten Anspielung vor dem *homo ludens* aus der EDV, wenn Sie ihnen vertraulich mitteilen: „Nimm dich in Acht, der hat einen ausgesprochenen Datendrang."

Datenkrämer
→ **Datensortierer**.

Datensortierer *auch* **Datenfiesler** Die Aufgaben eines Kollegen aus dem EDV- oder IT-Bereich sind oft alles andere als leicht und können nicht mal eben so auf die Schnelle erledigt werden. Mit dem „Datensortierer" honorieren Sie die mühevolle Kleinarbeit, mit der selbst einfachste Tätigkeiten, wie z. B. das Finden einer Steckdose, verbunden sind. → **Datei-Manager**.

Desktop-Praktiker → **Schreibtischpraktiker**.

Diaspora Scherzhaft für: Verkaufsgebiet, in dem der Vertrieb nicht so richtig Fuß fasst.

DINK Akronym für einen Kollegen, der zwar furchtbar viel verdient, aber so überhaupt keine Ahnung hat (*double income, no knowledge*). → **Yuuie**.

Diplomschussel *auch* **Diplomstümper** Der „Diplomschussel" ist trotz oder wegen seiner intensiven akademischen Ausbildung zu nichts Praktischem mehr zu gebrauchen. → **Schreibtischpraktiker**.

DJ Informationstechnologien haben in den vergangenen Jahrzehnten eine atemberaubende Entwicklung erlebt. Wer erinnert sich heute noch an die Commodores, Ataris, XTs und ATs von damals, und wer empfindet nicht sogleich den kühlen Schauer der Ehrfurcht angesichts der gewaltigen Kluft, die zwischen den Geräten von gestern und unseren aktuellen Pentiums, Netzwerk-Servern und Soundkarten klafft? Und entsprechend haben sich auch die Tätigkeiten rund um den Computer eindrucksvoll verändert. Reichte es damals für einen kompetenten Computerspezialisten und EDV-Betreuer noch völlig aus, Disketten für das A-Laufwerk etwas weiter vom Telefon wegzuschieben, ist heutzutage der virtuose Umgang mit CD-ROMs Grundvoraussetzung für eine erfolgreiche Unterstützung der User in den verschiedensten Fachabteilungen. Mit dem „DJ“ signalisieren Sie dem so Angesprochenen wie allen Anwesenden, dass es Ihnen eine wahre Lust ist, dem EDV-Kollegen bei der selbstvergessenen Ausübung dieser schönen und abwechslungsreichen Tätigkeit zuzusehen.

Dokumentenkritzler *auch* **Urkundenschmierfink** Der „Dokumentenkritzler“ kommt in Ihr Büro, setzt sich Ihnen gegenüber an den Schreibtisch und erzählt Ihnen irgendetwas über die Härten des Arbeitslebens. Dabei malt er mit einem Kugelschreiber Strichmännchen oder abstrakte Formen auf herumliegendes Papier und wundert sich über Ihre Verärgerung, mit der Sie ihm die Auftragsbestätigung entreißen.

Dr. Jekyll Scherzhaft für: Mitarbeiter der Forschungsabteilung. → **Edward mit den Scherenhänden**, → **Frankenstein**.

Dr. No Kosename für Vorgesetzte.

Dr. Sommer Scherzhaft für: Mitarbeiter der Personalabteilung. → **Familienberatung**.

Drehtürverweigerer Der „Drehtürverweigerer“ schafft es einfach nicht, durch eine automatische Drehtür zu gehen und gilt deswegen allgemein als äußerst risikoaversiv.

Drehzahlapostel Mitarbeiter in der Fertigung sind zwanghaft bemüht, irgendeinen Produktionsrekord von letzter Woche zu überbieten. Das messen sie anhand des Ausstoßes und allerlei weiterer technischer Leistungsdaten, weswegen sie sich den „Drehzahlapostel" völlig zu Recht einheimsen.

drei Millionen sind zwei mehr als eine Die Tätigkeit eines Controllers setzt eine gewisse Einengung der Sichtweise voraus, die der betreffende Kollege in aller Regel im Laufe seiner Karriere dann noch weiter fokussiert. Lassen Sie es sich nicht nehmen, wenn Ihnen das nächste Mal völlig wider Erwarten ein Projekt genehmigt wird, dem an der Freigabe beteiligten Controller wissend zuzuzwinkern und seine Denkweise humorvoll auf den Punkt zu bringen, indem Sie sagen: „Drei Millionen sind zwei mehr als eine, nicht wahr?"

Dreißigtonner Scherzhaft für: Logistikprofi. → **Sattelschlepper**.

Druckeberger Joviale Bezeichnung für: Mitarbeiter in der Hausdruckerei.

Druckreiz Den verspüren vor allem Kollegen, die an chronischer → **Chartritis** leiden.

Drucksack Mit dem „Drucksack" bekunden Sie einigen Unmut über die schlampige Arbeitsweise in Ihrer Hausdruckerei. → **Druckeberger**.

Druckertreiber Scherzhaft für: Kollege aus der EDV-Abteilung.

Druide Der Ehrgeiz aller Forscher und Entwickler, mindestens ein neues Element zu entdecken, hat nicht nur etwas die Grenzen der traditionellen Natur- und Ingenieurswissenschaften Sprengendes: Er führt geradewegs in die höheren Sphären von Transzendenz und Metaphysik. Nicht ohne Ehrfurcht werden Sie also von Ihren „Druiden" sprechen, wenn Sie noch mal wegen der Shampoo-Rezeptur von letzter Woche nachfragen wollen. → **Alchemist**, → **Miraculix**.

Dunstleister Der „Dunstleister" ist ein Kollege, der in der Regel nicht viel zur Erhellung von Problemen und Sachfragen beitragen kann.

Dünstleister → **Sitzungsraumbedufter**.

Durchlauferhitzer Vertrauen ist gut, Kontrolle ist besser. Zahlreiche Vorgesetzte lassen es sich nicht nehmen, bisweilen einfach mal durch die Flure zu schlendern und einen Blick in das eine oder andere Büro zu werfen. Die Methode des → **Management by walking around** entspannt nicht nur das traditionell schwierige Verhältnis zwischen Mitarbeiter und Chef, es erhöht auch im wahrsten Sinne des Wortes vorübergehend die Betriebsamkeit der Angestellten. Versäumen Sie es nicht, wenn Ihr Chef ein paar Türen weitergegangen ist, ihn treffend als „Durchlauferhitzer" zu charakterisieren, was klarstellt, dass einerseits seine Motivationskünste allenfalls kurzfristiger Natur sind, und dass andererseits Ihr Kollege, mit dem Sie das Büro teilen, sich immer wieder zu völlig überflüssiger operativer Hektik hinreißen lässt, die man sonst nie an ihm beobachten kann.

Durchlauferwärmer So nennen Sie Ihren Chef, wenn sich der → **Durchlauferhitzer** als Begriff durchgesetzt hat und Ihr Chef wirklich nicht mehr sehr viel Charisma ausstrahlt.

Durchstellversieber Der „Durchstellversieber“ nimmt Anrufe, die versehentlich bei ihm eingehen, ohne Umschweife an und verspricht, das Gespräch weiterzuleiten. Er landet dann meistens in der Hausdruckerei, wo man ihm aber auch nicht sagen kann, in welcher Abteilung der gesuchte Kollege arbeitet, geschweige denn, welchen Knopf man drücken muss, um den Anrufer wieder in der Leitung zu haben.

Dutzend: im Dutzend billiger → **BOGOF**.

Duzbruder, **Duzbrüderschaft** Der „Duzbruder“ hat kein wirkliches Gespür für die feinen Grenzen, die die Regeln des kultivierten Umgangs ziehen. Kommt er aus dem IT-Bereich, merkt er meist gar nicht, dass er gerade mit dem Vorstand → **kollegelt**, kommt er aus dem Vertrieb, wartet er immerhin noch ab, bis der Kunde den ersten Schnaps serviert.

dynamisch Bezeichnung für vor allem junge Kollegen, die durch eine gewisse Betriebsamkeit und Unrast auffällig werden, ohne dass dadurch bereits etwas anderes *bewegt* worden wäre als sie selbst.

E

Economy-Flieger Erfolgreiche Geschäftsabschlüsse verlangen stilsicheres Auftreten in jeder Lebenslage. Der „Economy-Flieger" hat nicht nur zu viel Respekt vor dem Controlling, sondern ist vermutlich auch deswegen weitaus weniger erfolgreich als der Kollege aus der *business class.* → **Zweitklässler**.

Eddie Jordan Scherzhaft für: Logistik-Chef. → **Rennstallchef**.

edler Tropfen höhlt den Stein Glauben Sie Ihren Kollegen aus dem Vertrieb kein Wort, wenn mal wieder die Rede davon ist, wie schwer die Kunden bei Laune zu halten sind. Runzeln Sie die Stirn, nicken Sie wissend und unterbrechen Sie den Redner mit den beziehungsreichen Worten: „Schon klar. Edler Tropen höhlt den Stein." → **Jägermeister-Argument**.

Edward mit den Scherenhänden Scherzhaft für: Kollege aus der Forschungs- und Entwicklungsabteilung. → **Dr. Jekyll**, → **Frankenstein**.

Einfallspinsel Eine Reihe von Berufsbildern hat die Generierung von Ideen zum Inhalt. Kollegen aus der Forschungs- und Entwicklungsabteilung wie auch Kreative in der Werbung verdienen ihr Geld mit immer neuen Einfällen für Produkte oder deren Vermarktung. Der „Einfallspinsel" kennzeichnet treffend Inhalt und Erfolg dieser schöpferischen Tätigkeiten.

Einkaufer
Abfällig für: Einkäufer.

Einkaufsbingo Dass betriebliche Einkäufer genau das besorgen, was ihre internen Kunden gerade brauchen, wäre bei der Vielzahl der zu berücksichtigenden Wünsche reiner Zufall. Viele Kollegen versuchen inzwischen, das Beste daraus zu machen und verkürzen sich die lange Zeit des Wartens auf unbrauchbare Arbeitsmittel mit dem „Einkaufsbingo“, bei dem derjenige gewonnen hat, der als Erster wider Erwarten fünf Lieferungen erhält, die exakt seiner Bestellung entsprechen. → **Bedarfsignorant**.

Einkaufsbummler Mitarbeiter aus dem Einkauf gehen nicht zuletzt schon deswegen einer äußerst angenehmen Tätigkeit nach, weil sie selbst als König Kunde auftreten und aus den verschiedensten Angeboten dienstbeflissener Lieferanten auswählen können. Zeigen Sie Ihren Kollegen mit dem „Einkaufsbummler“, dass Sie um dieses Privileg wissen und es den so Bezeichneten von Herzen gönnen.

Eintüter Etwas herablassend für: Kollege aus der Hauspostabteilung. → **Versandtaschengeneral**.

Eisen: warmes Eisen Immer wieder gibt es Themen, die aufgrund komplexer Interessenlagen als heikel angesehen werden müssen. Und nur wenige trauen sich, diese „heißen Eisen“ wirklich mal anzufassen. Unabhängig davon, ob der von Ihnen Beschimpfte einen solchen Anspruch überhaupt hat, schmälern Sie seine Verdienste, wenn Sie herablassend feststellen: „Ja, der Meier, der traut sich auch mal, ein warmes Eisen anzufassen.“ Mit der Bemerkung „Das war ihm ein zu warmes Eisen.“ bringen Sie griffig auf den Punkt, dass dem Kollegen engere Grenzen gesetzt sind, als der Geschäftsleitung lieb sein kann.

Element: der ist in seinem fünften Element Ein Forscher und → **Alchemist**, der „in seinem fünften Element ist", löst bestimmt gerade ein → **Schwedenrätsel**. → **Druide**.

E-Mail-Fluter → **Memo-Sprudler**.

Empfangsdamen-Grüßer Alles Business ist hart. Die Arbeit nimmt die meisten von uns derart in Anspruch, dass wir es uns kaum leisten können, uns von unserer Umwelt ablenken zu lassen. Hinzu kommt, dass Wahrnehmung in einer gesunden Hierarchie immer in einer Einbahnstraße verläuft: Der Mitarbeiter hat dem Vorgesetzten zu signalisieren, dass er ihn erkannt hat. Wenn Sie einen Kollegen als „Empfangsdamen-Grüßer" outen, ist jedem Anwesenden unmittelbar klar, dass der so Geschmähte überzogene Vorstellungen von einem verträglichen Miteinander hegt und darüber hinaus durch sein Verhalten klare und solide Strukturen verwässert, wenn nicht gar untergräbt.

Entscheidungen: keine langen Entscheidungsumwege Managen heißt entscheiden. Je mehr Stationen eine Idee auf dem Weg hin zur Entscheidung durchläuft, umso höher ist das Risiko, dass aus einem unkonventionellen Gedanken ein standardisierter Langweiler wird. Deswegen können kurze Entscheidungswege von Vorteil sein. Bestätigen Sie Ihren Kollegen beste Absichten bei größtmöglichem Unvermögen, wenn Sie nüchtern attestieren: „Der Meier ist ja bekannt für kurze Entscheidungs*um*wege."

Entscheidungen: der kann auch mal bequeme Entscheidungen treffen Der Arbeitsalltag erfordert mitunter, Entscheidungen zu treffen, die nicht allen Betroffenen gleichermaßen schmecken: Führungskräfte müssen auch unbequeme Entscheidungen treffen können. Attestieren Sie einem Kollegen: „Ja, der Schneider, der kann auch mal bequeme Entscheidungen treffen!“, und jeder weiß, dass der so Gescholtene höchstwahrscheinlich zu gar keinen anderen Entscheidungen fähig ist.

EQ Kollegen, die *immerhin* über einen hohen „EQ“ verfügen, sind Ihrer Meinung nach nicht völlig unbrauchbar, wenn auch nicht unbedingt für unternehmerische Zwecke.

Erfolgsvermeider Der „Erfolgsvermeider“ schafft es, in bester Absicht noch das todsicherste Geschäft in den Sand zu setzen.

Ergonauten Kollegen aus dem Produktionsbereich leiden oft unter der vermeintlichen Geringschätzung ihrer Tätigkeit durch andere: Die frühe Stellung in der Wertschöpfungskette, die den täglichen Umgang mit roher Materie unausweichlich macht, verhindert nicht selten jedwede geistige Aktivität und die Auseinandersetzung mit den Werten des Abendlandes. Mit den „Ergonauten“ geben Sie den betroffenen Kollegen die Selbstachtung zurück, indem Sie den wahren Wert physischer Anstrengung anerkennen und ihm zu klassischer Größe verhelfen.

Eurodermitis Die rötlichen Hautverfärbungen, die den Wutausbruch Ihres Chefs einleiten, wenn er von einem zu erwartenden Umsatzrückgang in Ihrem Bereich erfährt, werden üblicherweise als „Eurodermitis“ bezeichnet.

Eurologe

Scherzhaft für: Controller.

Eva Herman *bzw.* **Jens Riewa** Wenn Ihre Kollegen Sie warnen, soeben „Eva Herman“ oder ihr männliches Pendant auf dem Flur gesehen zu haben, werden Sie sich in unmittelbarer Zukunft kaum der neuesten Nachrichten aus dem ganzen Haus erwehren können.

Excelbad der Gefühle Sie lachen sich heimlich ins Fäustchen, wenn Ihr Controller bei der Prüfung Ihrer Investitionsvorhaben ein „Excelbad der Gefühle“ erlebt.

Exekutive Sehr jovial für: Gesamtheit der Produktionsmitarbeiter.

Expeditionsleiter Mit dem „Expeditionsleiter“ bringen Sie zum Ausdruck, dass Logistik oft eine nicht ganz ungefährliche Angelegenheit ist, bei der man nicht immer weiß, ob man auch dort ankommt, wohin man eigentlich wollte, was aber insofern nicht weiter schlimm ist, als nur auf diese Weise neue Entdeckungen gemacht werden können. → **Sattelschlepper**, → **Transportologe**, → **Verkehrsminister**.

Extremschläfer → **Kampfschläfer**.

F

Fachchinese Der „Fachchinese“ redet meist vorsätzlich so, dass ihn keiner versteht, damit er sich später auch angemessen darüber beklagen kann, dass ihn mal wieder gar keiner versteht. → **Formelschwätzer**.

Fachversager Im Gegensatz zum → **Allroundlaie**n ist der Fachversager bezüglich seines notorischen Scheiterns hochgradig spezialisiert.

fact shit [fäckt schitt] Fundierte Entscheidungen können nur bei Kenntnis der relevanten Daten getroffen werden. Entsprechende tabellarische Übersichten werden zumeist als *fact sheet* bezeichnet. Lassen Sie die Umstehenden wissen, dass Sie nicht viel von den Fähigkeiten Ihres Assistenten halten, wirklich brauchbare Unterlagen zur Entscheidungsunterstützung zu erstellen, wenn Sie launig knurren: „Na, dann geben Sie Ihr fact shit mal her.“

Fahrscheinkontrolleur
→ **Bewirtungsbeleganzweifler**.

falscher Zwanziger Ein „falscher Zwanziger“ ist ein Kollege, der leider nicht das Zeug zu einem *falschen Fünfziger* hat.

Familienberatung Scherzhaft für: Personalbüro. Ort, an dem ein → **Harmoniebeauftragter** arbeitet.

Fassadenreiniger Die verantwortungsvolle Aufgabe einer funktionierenden Öffentlichkeitsarbeit besteht vor allem darin, einem interessierten Publikum ein ansprechendes Bild Ihres Unternehmens zu liefern. Die Wichtigkeit eines solchen *faceliftings* kann allerdings nicht darüber hinwegtäuschen, dass die harten Fakten des objektiv nachweisbaren unternehmerischen Handelns nicht in der PR-Abteilung geschaffen werden – sie entstehen in den Werkhallen und Managementbüros. Erinnern Sie Ihren PR-Kollegen in regelmäßigen Abständen an diesen wunden Punkt in seinem Selbstwertgefühl, indem Sie mit dem „Fassadenreiniger" darauf anspielen, dass selbst die schönste Fassade nicht darüber hinwegtäuschen kann, dass drinnen redliche Menschen viel und hart arbeiten müssen, um die Anstreicher bezahlen zu können. → **Firmenvisagist**.

Faxverschlamper Der „Faxverschlamper" weiß ganz sicher, dass die gefaxte Auftragsbestätigung irgendwo in diesem großen Papierhaufen auf seinem Schreibtisch zu finden sein muss. Weil es meist aber ein unvertretbar hoher Aufwand wäre, gründlich danach zu suchen, bittet er Sie meist, den peinlichen Anruf beim Kunden mit der Bitte um erneute Übertragung zu übernehmen. → **Verschusselungstechniker**.

Fehllieferung: pünktliche Fehllieferung *auch* **rechtzeitig ✈ zur falschen Stelle** Die hohe Kunst der Logistik besteht darin, ein üppig wucherndes Geflecht von überfüllten Transportwegen so zu nutzen, dass eine Vielzahl von Nachfragern pünktlich bedient wird. Äußern Sie Ihre Skepsis, wenn sich der verantwortliche Kollege um die rechtzeitige Bereitstellung der von Ihnen benötigten Utensilien kümmern will: Ein launiges „Pünktliche Fehllieferung, was?" erinnert auch den größten Euphoriker daran, dass seine Abteilung traditionell von einem Herrn namens *Murphy* gelenkt wird. → **Bereitstellungsverhinderer**, → **Heumarer Dreieck**.

Feldwedel Scherzhaft für: Vertriebskollege, von dem man sich immer wieder berichtet, wie er an der Kundenfront mit Hand und Fuß Überzeugungsarbeit leistet.

Fernbedienung *auch* **Akku** Scherzhaft für: Organizer, den ein Kollege alle fünf Minuten hervorkramt.

Fertigungsmajor
→ **Schraubenkommandant**.

Festplattendirektor *auch* **Laufwerksoffizier** Mit dem „Festplattendirektor" geben Sie jedem Kollegen aus dem IT-Bereich das zwar trügende, aber immerhin erhebende Gefühl, auch etwas zu sagen zu haben. → **DJ**.

Firmenvisagist Scherzhaft für: PR-Mitarbeiter. → **Fassadenreiniger**.

Flachkenntnis Der Kollege, dem Sie mit einem gezielten Versprecher eine außerordentliche „Flachkenntnis" bestätigen, bleibt mit seinem Wissen um betriebliche Zusammenhänge vermutlich sehr, sehr weit an der Oberfläche.

Flaschenzug So können Sie den Personenaufzug nennen, wenn Sie selbst lieber Treppen steigen.

Fleißkärtchen sammeln Ein Kollege, der „Fleißkärtchen sammelt", ist höchstwahrscheinlich ein begnadeter → **Hofsänger**.

Fliewatüüt
→ **Tschitti Tschitti Bäng Bäng**.

Flurstelze → **Blondschleiche**.

Flursurfer Der „Flursurfer“ hat kein übermäßiges Interesse an virtuellen → **Chatrooms**, wenn es doch auch ganz reale gibt, beginnend gleich beim Büro nebenan.

Flurwebel Im Gegensatz zu einem *Feldwebel*, der auf dem Schlachtfeld die nötigen Anordnungen erteilt, lässt der „Flurwebel“ an der Kundenfront vermutlich nichts von all den markigen Worten verlauten, die er im Schutz der Firmenmauern regelmäßig zum besten gibt. → **Feldwedel**.

Focus: der kennt unseren Markt auch nur aus dem Focus Vertreter interner Services (z. B. Controlling, Personal) neigen oft dazu, die verschiedensten Sachverhalte aus einer irrelevanten, weil eigenen Perspektive zu betrachten. Diese zeichnet sich vor allem dadurch aus, dass sie ein zentrales Betätigungsfeld kaufmännischen Schaffens in Ermangelung von Erfahrungswerten zwangsläufig außer Acht lassen muss: den Markt. Mit der abfälligen Bemerkung „Der kennt unseren Markt auch nur aus dem FOCUS!“ machen Sie vor allem Neulingen schnell klar, dass die Äußerungen des so Geschmähten in keiner Weise ernst genommen werden müssen. Langjährige Kollegen verweisen statt auf den FOCUS übrigens gerne auch auf die BUNTE.

Formblattjunkie Der „Formblattjunkie“ braucht noch für die unbedeutendste Tätigkeit ein Formular wie unsereiner die Luft zum Leben. Schickt man ihn in die Materialausgabe, um ein Radiergummi zu holen, erkundigt er sich zunächst im ganzen Hause nach der aktuellen Version eines Materialentnahmescheins. Die Suchzeit schreibt er in der aktuellen Version des Tagesablaufbogens dann regelmäßig auf Ihr Projekt.

Formelschwätzer *auch* **Formelfasler** Der „Formelschwätzer“ drückt sich so exakt aus, dass der dazu erforderliche Verzicht auf jeglichen umgangssprachlichen Begriff ein Höchstmaß an Unverständlichkeit garantiert. Die seinen Zuhörern deutlich ins Gesicht geschriebenen Fragezeichen lösen bei ihm regelmäßig ein provokatives „Noch Fragen?“ aus, womit er meist allseitiges heftiges Kopfschütteln erntet, was ihn in der Auffassung bestärkt, es durchgängig mit Ignoranten zu tun zu haben, die Gott sei Dank nicht auch noch in seiner Forschungsabteilung arbeiten. → **Fachchinese**.

Frachtenbummler Wer sich in den Verkehr begibt, kommt mitunter auch darin um, viel öfter gerät er jedoch in einen Stau. Die angeblich höhere Gewalt, auf die sich Logistiker gerne berufen, um Terminverfehlungen zu entschuldigen, wenn sie schon nicht zu rechtfertigen sind, kann natürlich durch Schluderei noch verschärft werden – und wird es deswegen in der Regel auch. Mit dem „Frachtenbummler“ assoziieren Sie ein sinnfälliges Bild von einer Sorte Zeitgenossen, die einer Veranstaltung, deren Helden sie selbst nie sein werden, mit einem selbstgefälligen Gejohle beiwohnen, das vermuten lässt, dass sie sich auch ohne Veranstaltung so gebärden. → **Heumarer Dreieck**.

Frachtkerl Jeder Logistiker freut sich über unerwartetes Lob. Zum Beispiel, wenn Sie ihn anerkennend als einen wahren „Frachtkerl“ bezeichnen.

Frachtzwerge In Anlehnung an ein beliebtes Kindernahrungsmittel scherzhaft für: Kollegen aus dem Logistikbereich.

Frackaffe Der „Frackaffe“ ist in aller Regel ein → **Bügelfaltler.**

Frankenstein Scherzhaft für: Kollege aus der Forschungs- und Entwicklungsabteilung.

Freigänger, Freigang Ein Kollege, der gerade auf „Freigang" ist, gönnt sich gerade diejenige Pause, die Sie ihm nicht gönnen.

Freikarten für Howard Carpendale Wenn einer Ihrer Kollegen das nächste Mal wieder einen Arbeitsauftrag abwimmelt mit der Erklärung, er hätte noch so fürchterlich viel zu tun, nicken Sie nur wissend und kommentieren: „Schon klar. Bei Radio Gong wieder Freikarten für Howard Carpendale gewinnen, nicht wahr?"

Freizeitmaximierer Klar ist oder sollte zumindest sein, dass Arbeit einen wesentlichen Anteil an dem hat, was den Menschen als solchen ausmacht. Ohne deswegen gleich behaupten zu müssen, dass der Mensch lebe um zu arbeiten, kann davon ausgegangen werden, dass eine zu kurze tägliche Arbeitszeit dem Körper genau die stählende Kräftigung entzieht, derer er immer wieder aufs Neue bedarf. Nicht alle Kollegen sehen das allerdings genauso. Viele halten die vertraglich vereinbarte Arbeitszeit peinlich genau ein, um sich anschließend den verweichlichenden Freuden des Feierabends hinzugeben. Scheuen Sie sich nicht, mit dem „Freizeitmaximierer" genau diesen verantwortungslosen Umgang mit sich selbst und mit all jenen Talenten anzuprangern, die die Natur uns für die Arbeit mit auf den Weg gegeben hat. → **Frühheimkehrer**.

Frischlingbeeindrucker Beim „Frischlingbeeindrucker" handelt es sich um einen Kollegen, dessen vollmundige Verkündung seiner betrieblichen Großtaten in der Regel nur noch Berufsanfänger in Erstaunen versetzt. Vermutlich, weil es keine echten Großtaten waren, was man als Neuling ja nicht immer gleich merkt. → **Sekretärinnenimponierer**.

Fristkerl Der „Fristkerl" verlangt auf äußerst penetrante Weise für jede Kleinigkeit immer gleich einen Termin, bis zu dem eine Angelegenheit erledigt werden soll.

Früchtewürfel auf Frühlingswiese *auch* **Klopapier in Abendsonne** Während die Tätigkeit eines Produktionsmitarbeiters regelmäßig ein Produkt hervorbringt, das man in Augenschein nehmen und von dessen Qualitäten man sich überzeugen kann, bewirkt ein Kollege aus der Marketingabteilung sehr viel weniger handgreifliche Arbeitsergebnisse: Seine Aufgabe besteht in der Entwicklung zahlreicher Versprechen rund um das Produkt. Dies ist in Zeiten technisch weitgehend homogener und daher austauschbarer Produkte nicht immer leicht und führt oft genau aus diesem Grund zu der Entwicklung recht eigenwilliger Darstellungen von Produktnutzen und -zusatznutzen. Halten Sie in der nächsten Konzeptionsrunde mit Ihren Vorbehalten nicht hinter dem Berg, wenn ein Kollege aus dem Marketing androht, sich um eine wirkungsvolle Kommunikationsstrategie für Ihre neueste Produktinnovation zu kümmern. Mit einem viel sagenden „Ja, ja, Früchtewürfel auf Frühlingswiese …" stellen Sie klar, dass Ihnen nichts an einer übertriebenen Produktdarstellung in der Werbung liegt und Sie genau diese von den verantwortlichen Kollegen befürchten. → **Brühwürfelverherrlicher**, → **Tütensuppenapotheose.**

Frühheimkehrer Das Schicksal Heimatloser in aller Welt berührt uns zutiefst. Wer freute sich nicht für all die *Spät-*

heimkehrer, die nach Jahren der Entbehrung endlich wieder an den Ausgangspunkt einer langen Reise gelangen dürfen? Heimatliche Geborgenheit erlebt auch jeder von uns, der nach einem anstrengungsreichen Tag wieder in den Kreis der Familie zurückkehrt. Allerdings ist die Sehnsucht nach der Wärme des heimischen Herdes kein Freibrief für die willkürliche Anwendung von Arbeitszeitregelungen und Umgehung von Überstunden. Geißeln Sie mit dem „Frühheimkehrer" das Verhalten all jener Kollegen, die die Stärke familiärer Bindungen nicht in den Grenzen halten können, die einen reibungslosen Ablauf betrieblicher Prozesse gewährleisten. → **Freizeitmaximierer**.

Führungsleitbild Scherzhaft für: Foto eines Vorgesetzten.

Fünf-Sterne-Abrechner Gerade Mitarbeiter, die im Lichte der Öffentlichkeit stehen, laufen oft Gefahr, dass das Wahren des schönen Scheins zur alles bestimmenden Maxime sämtlicher ihrer Verhaltensweisen wird. Das betrifft nicht nur Kollegen der PR-Abteilung, aber vor allem diese, und kann im Extremfall dazu führen, dass man aus reiner Routine das *Vier Jahreszeiten* dem weitaus kostengünstigeren *Etap*-Hotel am Ort vorzieht. Bisweilen unterläuft dieses Missgeschick sogar Controllern. Lassen Sie mit dem „Fünf-Sterne-Abrechner" keine Ausreden gelten und akzeptieren Sie auch nicht die Beweggründe derjenigen Kollegen, die allein aus Scham und Angst vor dem Bekanntwerden eines nicht standesgemäßen Lebenswandels per Eigenbeleg einen *First-Class*-Aufenthalt abrechnen, obwohl in Coesfeld nur noch ein Hotel garni frei war.

Fürst Meckernich Einen Kollegen, der sehr wenig Widerspruch duldet, bezeichnen Sie treffend als „Fürst Meckernich".

G

Gabelstaplerkunstlauf *auch* **Gabelstaplerballett** Was für das ungeübte Auge oft wie ein orientierungsloses Rumgegurke aussieht, stellt für den versierten Lagerprofi die hohe Kunst der Wegeminimierung dar, die mit dem „Gabelstaplerkunstlauf" die lang verdiente Würdigung erfährt.

Gaukler → **Illusionist**.

Gebrüder Grimm Scherzhaft für: Kollegen, die in der Werbe- oder PR-Abteilung arbeiten. → **Gundel Gaukelei**, → **Märchenstunde**.

Geburtstagsmerker Der „Geburtstagsmerker" kennt die Tage, an denen der eine oder andere Kollege sehnsüchtig auf Gratulation wofür auch immer wartet. Die sklavische Unterordnung unter die Erwartungen anderer prädestiniert ihn somit nicht gerade für Höheres.

Gegend: dem Lkw mal die Gegend zeigen Wenn das Warten auf dringend benötigte Materialien mal wieder etwas länger dauert, lockern Sie die angespannte Stimmung mit einem heiteren „Die zeigen dem Lkw bestimmt noch mal ein bisschen die Gegend." auf. → **Ausflug**.

Gehaltsmonolog Der „Gehaltsmonolog", zu dem Ihr Chef Sie bittet, beinhaltet neben einem Exkurs über die außerordentlich engen Spielräume, die die Situation in diesem Jahr gewährt, einen herzlichen Dank an die dessenungeachtet hohe Motivation aller Mitarbeiter.

geldmännisch Ein Kollege mit „geldmännischem" Auftreten kommt vermutlich auch nach dem Geschmack einiger Kunden ziemlich neureich und aufdringlich daher.

Geldmarschall Scherzhaft für: Kollege, der im Kassenbüro arbeitet.

Gemeinkoster *auch* **Gemeinkostenerhöher** Der „Gemeinkoster“ arbeitet bei internen Servicestellen, deren Tätigkeit sich keinem konkreten Projekt oder Auftrag zurechnen lässt und daher zu nichts anderem gut ist, als die Gemeinkosten in unermessliche Höhen zu treiben, weswegen Sie sich mit Ihren Angeboten regelmäßig aus dem Markt kalkulieren müssen. Sagen Sie ihm das mal. → **Umsatzasket**.

General-Allrounder Ein General-Allrounder ist immer und überall mit zur Stelle, ohne dass irgendjemand wüsste, was er dort verloren hat, geschweige denn was er zum Thema beizutragen hätte. → **Allroundlaie**.

Golfclub *auch* **Golfregion** Scherzhaft für: Vorstandsetage.

Großzwirn Scherzhaft für: Einer, der ziemlich viel zu sagen hat. → **Bügelfaltler**, → **Frackaffe**, → **Kleinzwirn**.

Gundel Gaukelei
Scherzhaft für: Mitarbeiterin aus dem Bereich Werbung oder Öffentlichkeitsarbeit.

Gürzenich Holzgetäfelter Raum in der Vorstandsetage. → **Prunksitzung**.

Gute-Laune-Bär Der Gute-Laune-Bär lässt sich die Stimmung auch nicht durch einen verlorenen Millionenauftrag vermiesen. Er hat meist den Charme eines Alleinunterhalters auf einer Begräbnisfeier und kennt auch für den Fall seiner Kündigung noch einen passenden Scherz.

H

Halbleiter Verächtlich für: Kollege, der seine Abteilung nicht richtig im Griff hat.

Hand: linke Hand Bei der Bewältigung Ihres Arbeitspensums sind Sie oft auf die tatkräftige Unterstützung von Assistenten angewiesen. Mit dem launigen Urteil „Er ist meine linke Hand." stellen Sie fest, dass Sie darauf gerne auch mal verzichten würden.

Hand: er schleicht mir zur Hand Arbeit heißt heutzutage mehr denn je Arbeit im Team. Wenn Sie also schon nicht umhin kommen, Ihren Erfolg auch Ihren Mitarbeitern zuzuschreiben, versäumen Sie nicht darauf hinzuweisen, dass die entscheidenden Engpässe nicht durch Sie verursacht wurden: „Herr Krause schleicht mir zur Hand." stellt unzweideutig klar, dass der Begriff der *Aufgabenerfüllung* eine sehr große Bandbreite an unterschiedlichen Ausprägungen aufweist, deren quälendste Sie selbst Ihrem ärgsten Feind im Normalfall nicht wünschen würden.

Hand: der kann auch schon mal mit weicher Hand durchgreifen Das Arbeitsleben verlangt oft nicht nur, dass ungeliebte Entscheidungen gefällt werden: Sie müssen auch durchgesetzt werden. Auch wenn einschneidende Maßnahmen alles andere als angenehm sind, ist oft eine *harte Hand* nötig, um durchzugreifen und größeren Schaden von der Firma abzuwenden. Der Kollege, von dem Sie behaupten, er könne „auch schon mal mit weicher Hand durchgreifen", ist höchstwahrscheinlich ein Feingeist, der nicht einmal das kann. Und über so etwas werden Vorgesetzte ja zwischendurch auch mal ganz gerne informiert.

→ **Entscheidungen: der kann auch mal bequeme Entscheidungen treffen**, → **Machtwort**.

Handelsritter

Etwas spöttisch für: Kollege aus dem Vertrieb.

Handyvertrag bei Debiltel Wenn Sie vermuten, dass ein Kollege seinen „Handyvertrag bei Debiltel" abgeschlossen hat, wird der so Gescholtene vermutlich sehr oft sehr viel Unsinn durch den Äther schicken.

Handy-Verleger Jede echte Führungspersönlichkeit sollte sich fragen, was man dem „Handy-Verleger" *überhaupt* anvertrauen darf, wenn er schon seine eigenen Sachen ständig verschusselt …

Hans Dumpf Während ein *Hans Dampf* meist mächtig Druck macht, dazu noch *in allen Gassen*, ist das beim „Hans Dumpf" sicher nicht der Fall. Außerdem dürfte es sich bei ihm auch eher um Sackgassen handeln.

Harmoniebeauftragter Der „Harmoniebeauftragte" stellt im Auftrag der Führungsspitze die betriebliche Idylle wieder her. Er arbeitet in der Personalabteilung und ist der Überzeugung, dass man das Problem mit einem Workshop schon in den Griff kriegt. → **Workshopmessias**, → **Zuckerbrotagent**.

Häuptling Scherzhaft für: Chef.

Haushaltsexperte

Jovial für: Kollege aus der Buchhaltung.

Hausmeistergesinnung Gerade der Büroalltag ist von hochgradiger Komplexität bei gleichzeitig geringem Standardisierungsgrad der anfallenden Aufgaben gekennzeichnet. Das verlangt von den Mitarbeitern Flexibilität auf höchstem Niveau. Ein klares Urteilsvermögen, gepaart mit hoher Reaktionsgeschwindigkeit, ist hier Grundvoraussetzung für die Ausübung selbst der unbedeutendsten Tätigkeiten. Teilen Sie Kollegen, die in diesem Sinne noch nicht richtig Fuß gefasst haben, mit der „Hausmeistergesinnung" unmissverständlich mit, dass *eben nicht* jedes Problem letztendlich mit Hilfe einer Wasserpumpenzange gelöst werden kann.

Hausmeister-kommen-Lasser Es sind meist die kleinen Stolpersteine im Leben, die die Ausführung großer Taten in Frage stellen. Altgedienten Routiniers bereitet es jedoch in der Regel keine Schwierigkeiten, die praktischen Hürden des Alltags zu meistern. Wenn zu Beginn einer Vorstandspräsentation der Beamer mal streikt, ist die Glühbirne mit ein, zwei Handgriffen schnell ausgetauscht. Bezeichnen Sie ausgewählte Kollegen als „Hausmeister-kommen-Lasser" und bringen damit unmissverständlich zum Ausdruck, dass die so Verunglimpften trotz oder wegen ihrer intellektuellen Fähigkeiten *praktisch* zu nichts zu gebrauchen sind.

Heiligenbildchen → **Führungsleitbild**.

Heinzelmännchen Scherzhaft für: Produktionsmitarbeiter.
⚒ → **Blechbüchsenarmee**, → **Roboter**.

Herz-Lungen-Maschine Scherzhaft für: Laptop, den manche Kollegen ständig mit sich führen. → **Fernbedienung**.

Heumarer Dreieck *auch* **Kap Hoorn** Wichtig ist, für jede
✈ potenziell heikle Situation eine einigermaßen glaubwürdi-

ge Ausrede parat zu haben, um sich nicht völlig bloßstellen zu lassen. Warum sollte dies bei Logistikern anders ein? Wenn auch die Verkehrssituation rund um das „Heumarer Dreieck“ tatsächlich alles andere als entspannt zu bezeichnen ist, nehmen Sie Ihrem Kollegen aus der Logistik sämtlichen Wind aus den Segeln, wenn Sie es selbst als Erster mit einem Unterton erwähnen, der keinen Zweifel daran lässt, dass Sie wenn schon nicht die Gegend, so doch die dortigen Geschehnisse ausnahmslos dem Bereich der Legende zuordnen.

Hirnochse Mit dem „Hirnochsen“ stellen Sie unmissverständlich klar, woran es bei einem gewöhnlichen *Hornochsen* meist hapert.

Hobbykeller Kollegen aus dem Bereich Forschung und Entwicklung üben oft schon allein deswegen eine äußerst angenehme Tätigkeit aus, weil bei ihnen Neigung und Beruf in hohem Maße übereinstimmen. Während es eher unwahrscheinlich ist, dass ein Finanzbuchhalter nach Dienstschluss zum puren Zeitvertreib daheim noch ein paar überzeugende Buchungssätze formuliert, braucht man nicht viel Fantasie um sich vorzustellen, dass ein Forscher in seiner Freizeit genau an dem Problem noch etwas weitertüftelt, mit dem er sich schon tagsüber in der Firma befasst hat. Wenn Sie den Arbeitsplatz eines Forschers mitfühlend als „Hobbykeller“ bezeichnen, machen Sie deutlich, dass Ihnen die hohe Arbeitszufriedenheit des Kollegen längst kein Geheimnis mehr ist und Sie es darüber hinaus von Herzen gutheißen, wenn wenigstens schon mal ein paar Firmenangehörige Erfüllung im Beruf finden. → **Bastelstube**, → **Kochstudio**, → **Spiel- und Spaßlabor**.

Hobel: alle Hobel in Bewegung setzen Kollegen, die immer sofort „alle Hobel in Bewegung setzen“, sind normalerweise in der Forschungs- und Entwicklungsabteilung tätig, wo bekanntlich mit viel zu hohem Aufwand nicht sehr zielgerichtet gearbeitet wird.

Hochglänzer *auch* **Hochglanzer** Mit reichlich Skepsis versehene Bezeichnung für: Kollege aus dem Marketing-Bereich. → **Illusionist**, → **Vierfarbidylliker**.

Hochstapler Sachgerechte Zwischenlagerung von Gütern gewährleistet, dass diese zumindest nicht auch noch zur Unzeit knappe Transportwege verstopfen. Da ungenutzter Lagerraum nicht unbeträchtliche Leerkosten verursacht, ist der erfahrene Logistiker bemüht, möglichst viel Lageraum möglichst optimal zu nutzen. Und so, wie die Mitarbeiterin im *Callcenter* mit Fug und Recht → **Callgirl** genannt werden darf, wird es Ihnen kein Kollege aus der Logistik verübeln, wenn Sie ihm dann und wann ein fröhliches „Hochstapler“ zurufen.

Hofnarr

Scherzhaft für: Kollege aus der PR-Abteilung.

Hofsänger Der „Hofsänger“ lässt zumindest im Büro seines Chefs keine Gelegenheit aus, um in den lieblichsten Tönen zu säuseln. Das stimmt zumindest diejenigen misstrauisch, die ihn als solchen bezeichnen.

hohlraumversiegelt Der Kollege, dessen Kopf Sie Ihrem Chef gegenüber als „hohlraumversiegelt“ bezeichnen, verfügt nicht nur über wenig Material, das er einem Denkprozess unterziehen könnte, sondern ist auch einer entsprechenden Anreicherung nicht zugänglich zu machen.

Hollywood Scherzhaft für: Marketing-Abteilung. → **Palais Schaumschlag**.

Holzfällerhemd Das „Holzfällerhemd" arbeitet in der EDV und trägt das Namen gebende Kleidungsstück regelmäßig zu zwei Dritteln über der Hose. Es raucht selbst gedrehte Zigaretten und kann es immer gar nicht fassen, dass die Anwender, die er betreut, nicht mal die einfachsten Compilersprachen beherrschen. Das Holzfällerhemd ist nicht selten ein → **Duzbruder**.

Hotelbar-Held *auch* **Theken-Napoleon** Wenn ihm das schon die Kollegen nie straflos durchgehen lassen würden, so versucht der „Hotelbar-Held" wenigstens in inkompetenter Runde zu vorgerückter Stunde mit den entsprechenden Anekdoten sein Image immer wieder mal ein bisschen aufzupolieren.

Hubwagenakrobat Platz sparende Lagerung verlangt von jedem Logistiker beinahe täglich einen neuerlichen Durchbruch in moderner Stapeltechnik. Mit dem „Hubwagenakrobat" zollen Sie diesen anspruchsvollen Höchstleistungen Respekt. → **Hochstapler**, → **Gabelstaplerkunstlauf**, → **Rampenturner**.

Hügelstürmer Wirklich bahnbrechende Erfolge im Berufsleben sind nur wenigen vorbehalten. In krassem Gegensatz zu der kleinen Anzahl echter *Gipfelstürmer* steht das Heer derjenigen, die nicht müde werden, ihre tatsächlichen oder vermeintlichen Erfolge in den schillerndsten Farben auszumalen. Mit dem „Hügelstürmer" machen Sie diesen Kollegen klar, dass Bescheidenheit eine echte Zier sein kann.

Hugo Scherzhaft für: *Boss.*

Hüpfburg Scherzhaft für: Azubi- oder Praktikantenzimmer. → **Wickelstube**.

Hydrauliker
⚒ → **Maschinist**, → **Maulwurf**.

Hypnosetherapie Scherzhaft für: Bemühungen von Vorgesetzten auf Betriebsversammlungen und in Gehaltsgesprächen, die allgemeine Arbeitsmoral zu heben oder überhaupt erst ins Leben zu rufen.

I, J

Illusionist Die Aufgabe eines Kollegen aus der Marketing-Abteilung besteht darin, all das in strahlendem Glanz erscheinen zu lassen, was genau diesen Glanz von selbst nicht hat. Dass Ihr Kollege das sowohl außerhalb als auch innerhalb der Firmenmauern zu erreichen versteht, machen Sie mit dem „Illusionisten" deutlich. → **Brühwürfelverherrlicher**, → **Verklärer**.

Innovationsallergiker Der „Innovationsallergiker" reagiert höchst empfindlich auf Neuerungen, die den gewohnten Ablauf von Prozessen und Verrichtungen stören und deshalb zwangsläufig kontraproduktiv wirken müssen. Dass alles, was bislang funktionierte, genau *so* funktionierte, *wie* es bislang funktionierte, ist ihm hinreichender Beweis dafür, dass in vielen Unternehmensbereichen die beste aller Welten längst etabliert ist. Der Innovationsallergiker hält sich vorzugsweise in Produktions- und Einkaufsabteilungen auf. → **Abwehrspezialist**.

interpassiv Ein „interpassiver" Kollege kommt selbst im Umgang mit anderen Kollegen irgendwie nicht so richtig auf Touren. Vermutlich, weil er in routinierter → **Wärmestarre** verharrt.

Irrläufer *auch* **Raumschussler** Der „Irrläufer" geht zielstrebig auf die Tür des Sitzungsraums zu, reißt sie auf und stellt fest, dass sein eigenes Meeting ganz woanders stattfindet. Je nach Mentalität verfällt er in entschuldigendes Stottern oder verabschiedet sich sogleich wieder mit einem zackigen „Lassen Sie sich durch mich nicht stören!"

IT
Abkürzung für: inakzeptabel teuer.

Jägermeister-Argument Wenn ein Kollege aus dem Vertrieb mit einem überragenden Verkaufserfolg angibt, fragen Sie ihn doch einfach mal, ob er wieder das „Jägermeister-Argument" vorgebracht hat.

Jakob: preiswerter Jakob Mit dem „preiswerten Jakob" spielen Sie auf die Neigung Ihrer Kollegen aus dem Vertrieb an, ihren Kunden aber auch wirklich jedes Preiszugeständnis zu machen. → **Markenkiller**, → **Sonderkonditionär**.

Jakob: teurer Jakob Der „teure Jakob" ist ein Lieferant, dessen Services leider nicht so billig sind wie sein Auftreten.

Jugend forscht Wenn Sie die Tätigkeit Ihres Kollegen aus der Forschungs- und Entwicklungsabteilung mit „Jugend forscht" umschreiben, fühlt er sich sehr wahrscheinlich von Ihnen nicht ganz ernst genommen. Aber das wollten Sie ja dann wohl auch damit bezwecken.

Jurassic Park [dschurä' ssick park] Gegend im Firmengebäude, in der Wesen hausen, die schon allein aus Gründen der Evolution längst nicht mehr dort hausen dürften. Vermutlich ist ihnen das selbst klar, weswegen sie sich vorsorglich sehr angriffslustig geben und ansonsten aber alles abblocken, was rein entwicklungsgeschichtlich nach ihrer eigenen Blütezeit entstanden ist. → **Rentnerband**.

K

Kaffee-Nachkocher Jede funktionierende Küchenordnung beinhaltet implizit die Regel, dass man vom letzten Kaffee so viel übrig lässt, dass für die Untertasse des Nachfolgers noch etwas übrig bleibt, oder – falls man der Nachfolger ist – die Küche kaffeelos wieder verlässt, bis ein „Kaffee-Nachkocher“ eine neue Kanne des köstlichen Heißgetränks zubereitet hat. Dann sollte man allerdings wieder zusehen, dass man zu den Ersten gehört, die sich frischen Kaffee holen. Ist Ihre Abteilungsküche übrigens mit einem Kaffeevollautomaten ausgerüstet, können Sie den betreffenden Kollegen auch als „Kühlschrank-Ausmister“ beschimpfen, denn üblicherweise treten diese Spezies immer in Personalunion auf.

Kaffeerandverzierer Der „Kaffeerandverzierer“ stellt seinen Becher mit Milchkaffee auf die Vertragsunterlagen, die der Kunde zwecks Gegenzeichnung zugesandt hat. Nach etwa einer Zigarettenlänge ist der Druckvorgang meist abgeschlossen, und der Kollege zieht weiter mit der tröstenden Bemerkung, dass der Kunde ja bereits unterschrieben habe.

Kalkulator Der „Kalkulator“ ist als → **Kostenroboter** eine gnadenlose Vollstreckungsmaschine des Vorstands, die nach Sichtung der Finanzierungspläne Ihres neuen Projekts meistens nur noch „Hasta la vista, baby!“ sagt. → **Cashtest**.

Kalenderroulette Wenn Ihnen ein arglos „Kalenderroulette“ spielender Kollege versichert, er schicke Ihnen die Unterlagen spätestens Donnerstag zu, weisen Sie ihn sicherheitshalber darauf hin, dass heute bereits Donnerstag *ist*.

Kampfschläfer Der „Kampfschläfer" geht hart an die Grenzen seiner Leistungsfähigkeit, um auch im größten Trubel definitiv nichts zu tun. → **Bereitschaftsdienst**, → **Wärmestarre**.

Kantrine Etwas derbes Kunstwort für: Kantine.

Kapitän Nemo → **Phantom**.

Karaffenland Scherzhaft für: Besprechungs- und Bewirtungsräume für Gäste. → **Weinstraße**.

Kassenwart
→ **Schatzmeister**, → **Sparschwein**.

Kennziffernkönig Stolz auf die ausgeübte Tätigkeit sorgt sogar bei Controllern für ein andauernd hohes Leistungsniveau. Selbst hartgesottenen *business people* treibt es Tränen der Rührung in die Augen, wenn sie die kindliche Freude beobachten, mit der ein Controller einen zu hohen Fixkostenanteil beim Soll-Ist-Vergleich der Kostenträgergemeinkosten entdeckt. Belohnen Sie diese hohe Identifikation mit dem eigenen Beruf, indem Sie dem Kollegen anerkennend und lobend zunicken: „Du bist unser Kennziffernkönig!"

Kernzeiteinhalter Wer viel leistet, kann sich auch viel erlauben. Der souveräne Macher lässt sich durch kleinkarierte Detailvorschriften (Eintreffen am Arbeitsplatz um spätestens 9 Uhr usw.) nicht in seiner persönlichen Freiheit einengen. Wohingegen der „Kernzeiteinhalter" vermutlich genau diese Vorschriften braucht, um wenigstens einmal am Tag etwas richtig zu machen. → **Beamtenmentalität**.

Kinder-Mitbringer Der „Kinder-Mitbringer“ lässt die lieben Kleinen auch schon mal im Büro spielen, vermutlich weil die werte Gattin die Organisation der Betreuung versiebt hat. Das erschwert nicht nur seine Teilnahme an Meetings in der betreffenden Zeit, sondern auch die Nominierung für Tätigkeiten, bei denen wirklich alles wie am Schnürchen laufen muss.

Kiosk Scherzhaft für: Materialausgabe.

kittelmäßig Wenn ein Kollege aus dem Bereich der → **Exekutive** einen Auftrag nur „kittelmäßig“ erfüllt hat, sind Sie nicht wirklich mit ihm zufrieden.

Klagemauer Scherzhaft für: Lohn- und Gehaltsbüro. → **Losbude**.

Klammeraffe *auch* **Blockwart** Der „Klammeraffe“ arbeitet im → **Kiosk** und händigt dort gegen die entsprechenden Materialentnahmescheine allerlei Hilfsmittel, darunter eben auch Büroklammern, aus.

Kleinzwirn Der „Kleinzwirn“ ist einer, der mal ein → **Großzwirn** werden will und sich bezüglich standesgemäßer Herrenausstatter vor Ort bereits jetzt bestens auskennt.

Klimakiller Der „Klimakiller“ ist das direkte Gegenteil von einem → **Gute-Laune-Bär**en.

klüngeln: wenn der Postmann zweimal klüngelt Volkstümliche Redewendung, wenn die Hauspost mal wieder eine extrem wichtige Lieferung verschusselt hat.

Kochstudio Scherzhaft für: Forschungs- und Entwicklungsabteilung. → **Bastelstube**, → **Hobbykeller**.

kollegeln Ein Kollege, der „kollegelt“, verscherzt sich damit regelmäßig schnell und nachhaltig alle Sympathien. Er ist meistens ein → **Duzbruder**, statt sich einfach mal um seine Arbeit zu kümmern. → **Flursurfer**.

Kollegenkümmerer Der „Kollegenkümmerer“ sitzt in der Personalabteilung und hat zwar nicht spontan die relevanten arbeitsrechtlichen Regelungen, wohl aber jede Menge Mitgefühl parat, das sich meistens prima in eine Teilnahmeempfehlung für ein Kommunikationsseminar kanalisieren lässt. → **Dr. Sommer**, → **Familienberatung**, → **Workshopmessias**.

Komparse Einen „Komparsen“ gibt es Ihrer Ansicht nach nur, damit sein Büro nicht so fürchterlich verwaist aussieht. → **Wandverkleidung**.

Kompetenzfiesler Der „Kompetenzfiesler“ verfügt über eine ausgesprochene → **Beamtenmentalität** und stellt regelmäßig in Frage, ob andere das dürfen, was er selbst nicht darf, geschweige denn kann. Er beansprucht eigentlich nichts, außer vielleicht dass es so oder auch anders nicht weitergehen dürfe.

Konfusius Scherzhaft für: Kollege, der häufiger etwas durcheinander ist oder bei anderen Verwirrung stiftet.

Kongresstourist Der routinierte Geschäftsprofi hält sich durch den Besuch von Kongressen und Tagungen fachlich permanent auf dem Laufenden. Und selbst wenn die intensive Teilnahme an den zugehörigen *Get-together*-Parties die Konzentrationsfähigkeit und Aufmerksamkeit für die Referenten beeinträchtigt, bleibt im Flieger meist noch genügend Zeit, die Tagungsunterlagen quer zu lesen. Die gute Idee kontinuierlicher fachlicher Weiterbildung wird jedoch konterkariert durch das Verhalten solcher Mitarbeiter, die auch redundante oder irrelevante oder solche Kongresse besuchen, die man selbst nicht bewilligt bekam. Scheuen Sie sich nicht, ein derartiges Verhalten mit dem „Kongresstouristen" gehörig anzuprangern.

Kopierstau-Verursacher Schlimm sind Kollegen, die auch dann nicht selbst die Ärmel hochkrempeln, wenn Not am Mann ist (→ **anpacken**). Nicht weniger schlimm sind diejenigen, die beherzt zugreifen, um eine aussichtslose Sache noch aussichtsloser zu machen. Der Kollege, den Sie wütend als „Kopierstau-Verursacher" entlarven, erhält augenblicklich das Image des verlässlichen Saboteurs, der sich rechtzeitig aus dem Staub macht, bevor man seiner habhaft wird, und den man deswegen besser nicht um Hilfe bittet, wenn es mal gerade wieder schnell gehen muss.

Kontosaurus Ein behäbiges und schwerfälliges Wesen, das in Buchhaltungsabteilungen haust. → **Belegleser**, → **Rechnungswesen**.

Kostenabschaffer Controllern wird oft nachgesagt, dass sie übereifrig jedes neu geplante Projekt zu Tode rechnen. Da Sie selbst diese Meinung teilen, sofern Sie nicht gerade Controller sind, sollten Sie keine Gelegenheit ungenutzt verstreichen lassen, bei der Sie mit dem „Kostenabschaffer" diese Mentalität geißeln und *ad absurdum* führen. → **Bewirtungsbeleganzweifler**, → **Kennziffernkönig**, → **Kostenroboter**.

Kostenroboter Die ununterbrochene Beschäftigung mit Zahlen und Kennziffern aller Art lässt Controller oft merkwürdig kalt und irgendwie ferngesteuert erscheinen. Bringen Sie Befürchtungen dieser Art im Kollegenkreis zur Sprache, indem Sie als eine Art ersten Versuchsballon den „Kostenroboter" steigen lassen.

Kostenstelle Nicht wenige Firmen sind in so genannte *Profitcenter* unterteilt, die eigenständig am Markt auftreten und Gewinn erwirtschaften, der sich bekanntlich aus der Differenz von Umsätzen und Kosten errechnet. Sie schmälern die Verdienste eines Kollegen nicht unbeträchtlich, wenn Sie behaupten: „Das, was du da hast, das ist kein *Profitcenter*, das ist eine Kostenstelle, weiter nichts!" → **Postenstelle**.

Krabbelgruppe Humorvoll für: ein aus jungen und dynamischen Mitarbeitern bestehendes Team.

Krawallerie Scherzhafter Sammelbegriff für: besonders lautstarke Vertriebsmitarbeiter.

Kriechgewinnler Einen Kollegen, der durch auffällig devotes Verhalten gegenüber Vorgesetzten Vorteile zu erlangen versucht, bezeichnen Sie völlig zu Recht als „Kriechgewinnler". → **Chef-Vorlasser**.

Kundenflüsterer Scherzhaft für: Kollegen, die im Kundenkontakt stehen.

Kundenkasper Der Vertriebskollege, der den „Kundenkasper" macht, lässt wirklich nichts unversucht, um seine Kunden bei Laune zu halten. → **Kundenkumpel**, → **Verkaufslyriker**.

Kundenknecht
→ **Kundenkumpel**.

Kundenkumpel *auch* **Kundenkumpler** Der „Kundenkumpel“ arbeitet im Vertrieb und ist darum bemüht, sehr schnell mit den Kunden zu → **kollegeln**, wenn sich die Kollegen selbst das schon verbitten. Dafür kriegen sie dann aber auch die ausgefallenen Sonderwünsche zu spüren, deren kostenlose Erfüllung er seinen neu gewonnen Freunden aus lauter Begeisterung gleich mal so zugesagt hat.

Kündigungsberater *auch* **Entlassungsversüßer** Wenn es wirklich mal hart auf hart kommt, müssen die Vertreter der Personalabteilung natürlich auch unliebsame Entscheidungen vertreten und abwickeln. Mit dem „Kündigungsberater“ stellen Sie vorsorglich klar, dass Ihnen dies jederzeit bewusst ist. → **Personalbesänftiger**.

Kurzbrief-Rilke Der „Kurzbrief-Rilke“ bringt es nicht übers Herz, eigens für die Vereinfachung der geschäftlichen Kommunikation entwickelte Standardformulare so unpersönlich zu lassen, wie sie nun einmal sind, und schreibt lieber noch mal einen herzlichen Gruß auch an die Gattin darauf. Controller befürchten deswegen nicht ganz zu Unrecht, dass diese Spezies auch in andere Arbeitsabläufe mehr Zeit investiert, als diese tatsächlich erfordern.

Küster Scherzhaft für: Hausmeister.

L

Labermat Projekte und Ideen müssen diskutiert, Engpässe und Missstände offen angesprochen werden. Reden ist ein wichtiger Bestandteil der betrieblichen Kultur. Die Kunst effektiver Kommunikation ist nicht lediglich eine Zier des modernen Managers, sie ist eine unverzichtbare Anforderung an alle, die leitende Tätigkeiten professionell ausführen. Kontraproduktiv wird es allerdings dann, wenn ein Kollege nicht kurz und bündig die wesentlichen Informationen vermitteln kann oder seinen Worten lediglich weitere Worte statt Taten folgen lässt. Der „Labermat" kennzeichnet diese Art von Mitarbeitern treffend, und seine klangliche Nähe zu einem beliebten Haushaltsgerät legt darüber hinaus nahe, dass der Redefluss des Bezichtigten mehr oder weniger automatisch erfolgt, so dass man den Kollegen einfach auch mal in der Ecke stehen und weiterreden lassen kann, damit man wenigstens selbst seine Aufgaben erledigt bekommt. → **Mundwerker**, → **Schwafelsäure**, → **Schwallmauer**, → **Schwatzmeister**.

Ladenhüter Scherzhaft für: Pförtner.

Ladist
✈ → **Verlader**.

Lagerheld *auch* **Karl Lagerheld** Logistiker kämpfen mit
✈ dem seit der Klassik ökonomischen Denkens weit verbreiteten Vorurteil, einer nicht wirklich produktiven Tätigkeit nachzugehen. Dabei sind auf unsicheren und sich schnell entwickelnden Märkten gerade heute Spitzenleistungen auf dem Gebiet bedarfssynchroner Bereitstellung mehr

denn je gefragt. Der „Lagerheld“ bekräftigt unmissverständlich, dass auch in den Niederungen der betrieblichen Praxis herausragende Leistungen möglich sind und genannt zu werden verdient haben. → **Hochstapler**.

Lauberger Der „Lauberger“ ist längst nicht so intelligent, wie man vielleicht ursprünglich angenommen hätte, dafür engagiert er sich aber auch nur höchstens halbherzig.

Layouter *auch* **Chef-Layouter** → **Schriftgrößenmanager**, → **Typopath**.

Leidender Angestellter Der Kollege, den Sie als „leidenden Angestellten“ bezeichnen, jammert nach Ihrem Geschmack etwas *zu* viel über die unerträglich hohe Arbeitsbelastung.

Leihwagenvolltanker Der „Leihwagenvolltanker“ gibt nach vollendeter Geschäftsreise den Leihwagen nicht zurück, ohne ihn vorschriftsmäßig vollgetankt und damit einen satten Betrag von ungefähr 30 € gespart zu haben. Ob er damit außer sich selbst auch andere beeindruckt, ist höchst fraglich.

Leitschaf Das „Leitschaf“ ist für die Führungsposition, die es innehat, Ihrer Ansicht nach denkbar ungeeignet. → **Alphaschaf**.

Leitungsträger Vertreter von koordinierenden wie ausübenden Tätigkeiten sollten einander mit dem gebührenden Respekt begegnen. Trotzdem kommt man als Träger von Verantwortung oft nicht umhin, ein klares Wort zu sprechen und den einen oder anderen Mitarbeiter in die Schranken zu verweisen. Wenn Sie Ihren Hausmeister das nächste Mal als „Leitungsträger“ bezeichnen, stellen Sie damit unzweideutig klar, dass es dem so Beschimpften mindestens am *s* fehlt, um als *Leistungsträger* durchgehen zu können, vermutlich aber noch an weitaus mehr.

Lieferanten-Casting Einkäufer führen schon deswegen ein vergleichsweise angenehmes Leben, weil sie selbst der König Kunde für ihre Lieferanten sind. Das bedeutet unter anderem, dass sie es genießen, sich ständig umwerben zu lassen und sich selbst so zickig anzustellen, wie es unsereiner beim Einkaufen auch immer tut. Wollen Sie auf diese charakterliche Schattenseite anspielen, versuchen Sie es mal mit einem lockeren „Du siehst so entspannt aus. Mal wieder Lieferanten-Casting gehabt?“ Das legt nahe, dass Ihr Einkäufer gestern einer Schar von Lieferanten ausreichend Gelegenheit geboten hat, sich nach allen Regeln der Kunst gründlich zu blamieren, um sie dann unverrichteter Dinge wieder nach Hause zu schicken, nicht ohne die süffisante Bemerkung, sie sollten zunächst einmal ihre Hausaufgaben machen.

Logologe *auch* **Logopäde** Der „Logologe“ beherrscht die Wissenschaft der korrekten Logoplatzierung und -farbgebung nicht nur bis ins letzte Detail, er vermag sie als „Logopäde“ auch in leicht verständlichen 500 Seiten starken Richtlinien einer breiteren Öffentlichkeit zugänglich zu machen. → **Logoverwalter**.

Logoverwalter Zu den vielfältigen Aufgaben eines Öffentlichkeitsarbeiters gehört es auch, die Firmeninsignien wie den eigenen Augapfel zu hüten, schändlichen Missbrauch (z. B. Logo 1 pt zu groß u. Ä.) aufzuspüren und zu ahnden. Dass sich dabei eine Mentalität herauskristallisiert, die der eines Beamten des Einwohnermeldeamts ähnelt, der entdeckt hat, dass jemand die Gültigkeitsdauer seines Personalausweises nicht verlängert hat, ist nahe liegend. Brandmarken Sie diese unnötig eingeengte Berufsauffassung mit dem „Logoverwalter“ und Ihr PR-Kollege wird Ihnen für den Hinweis dankbar sein. → **Briefbogenkünstler**, → **Layouter**, → **Schriftgrößenmanager**.

Los: er hat mal wieder das große Los gezogen Produktionsmitarbeiter sind dafür bekannt, dass sie Maschinen, die einmal laufen, am liebsten ewig laufen lassen würden. Nichts ist lästiger als ständiger Wechsel des Produktionsprogramms, und selbst wenn diese Überzeugung weniger einer angeborenen Faulheit als vielmehr dem grundsätzlich löblichen Ehrgeiz geschuldet ist, durch mehr Kontinuität in der Auslastung höhere Einsparungseffekte zu erzielen, so ist die daraus resultierende Einstellung der Produktions-Kollegen doch regelmäßig überzogen. Das wissen Sie, wenn die Sonderanfertigungen für Ihre Kunden aus genau diesen Gründen mal wieder nicht rechtzeitig fertig werden und Sie Ihren Assistenten mit viel sagendem Blick über die Scheuklappen des Werkmeisters aufklären: „Der hat mal wieder das große Los gezogen.“ → **Losgröße**, → **Losgrößenmaximierer**, → **Rüstzeitenphobiker**.

Losbude Leistung soll sich gemäß einem allgemein anerkannten Postulat in jedem Fall lohnen. Diese Forderung wird grundsätzlich auch von jedem Mitarbeiter unterstützt, da grundsätzlich jeder Mitarbeiter von seiner Leistung überzeugt ist. Dennoch leiden dieselben Mitarbeiter jeweils zum Monatsende unter nicht unerheblichen kognitiven Dissonanzen, wenn sie ihren Gehaltszettel mit dem des

Kollegen vergleichen: Verdient man mehr, ist der Unterschied meist nicht groß genug, verdient man weniger, ist der Unterschied *immer* zu groß. Die Frage nach den Kriterien der Gehaltsfindung lässt sich meist nur dadurch lösen, dass man das Walten des Zufallsprinzips als Antwort zulässt. Da ist es nur konsequent, wenn Sie fortan Ihr Lohn- und Gehaltsbüro als „Losbude" bezeichnen. → **Klagemauer**.

Loser-ID [luh'ser ai dih] An die kann sich der → **Passwort-Vergesser** beim besten Willen nicht mehr erinnern.

Losgröße: da zeigt sich wahre Losgröße Kollegen aus 🛠 dem Fertigungsbereich geht nichts über kontinuierlich laufende Bänder, die, wenn es nach ihnen ginge, auch gar nicht wieder zwecks Umrüstung angehalten werden müssten. Wenn der entsprechende Verantwortliche Sie wieder einmal abblockt, weil eine überdimensional große Serie schon mal vorsorglich auf Lager produziert werden muss, nehmen Sie ihn auf den Arm, indem Sie ihm anerkennend auf die Schulter klopfen und vertrauensselig sagen: „Da zeigt sich wieder mal wahre Losgröße, was?" → **Rüstzeitenphobiker**.

Losgrößenmaximierer
🛠 → **Los**, → **Losgröße**.

Lötmann Viele Mitarbeiter haben damit zu kämpfen, dass sich ihr Umfeld oft kein genaues Bild von ihrer Tätigkeit machen kann. Mit dem „Lötmann" beweisen Sie, dass Sie sehr wohl über einzelne Arbeitsabläufe im Leben eines Hausmeisters oder Elektrikers Bescheid wissen und schaffen damit erste Grundlagen für ein vertrauensvolles Miteinander. → **Leitungsträger**, → **Ösewicht**, → **Rohrverleger**, → **Schweißkerl**.

Lottofee Scherzhaft für: Kollegin aus der Lohn- und Gehaltsbuchhaltung. → **Losbude**.

Luftbewegung Für etwas mehr „Luftbewegung" sorgt immerhin schon mal ein Kollege, der anlässlich eines Arbeitsauftrages nervös mit den ihm zur Verfügung stehenden Extremitäten herumfuchtelt. Ob im Anschluss daran noch mehr bewirkt wird, bleibt fraglich, ist im Einzelfall aber fast immer zu verneinen.

M

Machtwort: er kann auch schon mal ein Machtwort denken Arbeit ist gemeinschaftliches Wirken von Menschen. Wo unterschiedliche Ziele und Interessen aufeinander treffen, entstehen zwangsläufig Konflikte, die nicht immer mit einem Kompromiss beizulegen sind. In solchen Fällen kann es notwendig werden, dass ein Vorgesetzter ein Machtwort *spricht*. Denunzieren Sie einen Kollegen lässig, wenn Sie über ihn sagen: „Ja, der Krause, der kann auch schon mal ein Machtwort denken!“ Damit bringen Sie unmissverständlich zum Ausdruck, dass hier ein überängstlicher Mensch nicht so kann, wie er will, geschweige denn, wie es von ihm verlangt wird. → **Entscheidungen: der kann auch mal bequeme Entscheidungen treffen**, → **Hand: der kann auch schon mal mit weicher Hand durchgreifen**.

Mädchen für einiges In jeder Firma gibt es ein Faktotum, ein knurrendes Wesen, das in der Regel auf den Namen Hausmeister hört und als *Mädchen für alles* den Rasen mäht und die Kühlschränke in den Abteilungsküchen kontrolliert. Da diese Leute nicht wirklich *alles* machen, vor allem aber nichts wirklich Wichtiges, ist es mehr als verständlich, wenn Sie die allgemeine Euphorie darüber, dass es jemanden gibt, der die Heizung aufdrehen kann, etwas dämpfen und bestenfalls von Ihrem „Mädchen für einiges“ sprechen.

Malen nach Zahlen Wenn Sie von Ihrem Controller vermuten, dass er in seiner Freizeit sehr wahrscheinlich Beschäftigungen wie etwa „Malen nach Zahlen“ nachgeht, unterstellen Sie ihm nicht lediglich, dass der arme Kerl nach

Feierabend schlecht abschalten kann, sondern dass seine geistige Beweglichkeit insgesamt recht eingeschränkt ist.

Management by walking around [mä'nnitschment bai uo'hking ärau'nt] Führungsgrundsatz eines → **Durchlauferhitzer**s.

Männchen machen → **apportieren**.

Märchenstunde Scherzhaft für: die → **Presse-Conférence**, die Ihr PR-Kollege veranstaltet.

Marco Prolo Scherzhaft für: hemdsärmelig auftretender Kollege aus dem Vertrieb.

Markenkiller *auch* **Markensaboteur** Der „Markenkiller" arbeitet im Vertrieb und ist eifrig bemüht, mit seiner individuellen Verkaufstaktik die Premium-Preisstrategie des Marketings zu unterlaufen. → **Sonderkonditionär**, → **Verramscher**.

Marketingeltangel Die Tätigkeit eines Marketing-Menschen besteht oft darin, aus Mücken Elefanten zu machen und aus einfachen Schokoriegeln einen Fortschritt für die Menschheit. Wenn Ihnen das manchmal ein wenig zu viel wird und die entsprechenden Kollegen außerdem noch so tun, als gingen sie einer redlichen und wichtigen Beschäftigung nach, versäumen Sie nicht, dieses Tätigkeitsfeld pauschal als „Marketingeltangel" zu bezeichnen. Die Kollegen wissen dann schon, was Sie meinen. → **Brühwürfelverherrlicher**, → **Illusionist**.

Märklin-Eisenbahn: der übt mit der Märklin-Eisenbahn Das Management des Waren- und Materialflusses in vielfältig vernetzten Systemen von Transportmitteln und -wegen verlangt höchste Meisterschaft. Verraten Sie in vertraulicher Runde das Erfolgsgeheimnis Ihres Chef-Logistikers, wenn Sie enthüllen: „Der übt doch heimlich mit der Märklin-Eisenbahn!“

Maschinenfreund Der beste Freund des Menschen ist der 🛠 Hund. Der zweitbeste Freund des Menschen ist bei Motorradfahrern das Motorrad und bei Produktionsmitarbeitern Stanze, Fräse und eben alles, was nicht meckert, nur weil man ihm gerade einen Befehl erteilt hat. Zeigen Sie Verständnis für die innige Freundschaft zwischen einem Menschen und seiner Maschine, wenn Sie einen Kollegen aus der Produktion das nächste Mal mit „Maschinenfreund“ anreden. → **Maschinist**.

Maschinenstundenromantiker
🛠 → **Auslastungsfetischist**, → **Drehzahlapostel**.

Maschinist Wenn Sie weniger auf das emotionale Verhältnis 🛠 eines Arbeiters zu seiner Walzstraße abstellen und mehr das funktionale Element betonen wollen, wählen Sie lieber den „Maschinisten“.

Maskottchen: dich haben sie doch auch nur als Maskottchen angestellt Mitarbeiter erfüllen im Rahmen der betrieblichen Hierarchie bestimmte Funktionen, die der Erreichung des Firmenzwecks dienen. Nicht immer jedoch ist jedem Kollegen klar, was er in dem Unternehmen eigentlich soll. Da der Mensch eine Aufgabe braucht, der er sich widmen kann, führt ein solcher Zustand der Unsicherheit früher oder später zu Selbstzweifeln, Frustration und Vandalismus. Helfen Sie solchen Kollegen bei der Suche nach dem Sinn ihrer betrieblichen Existenz, indem Sie sie darauf hinweisen, dass sie vielleicht wirklich nur als „Maskottchen“ eingestellt wurden. → **Wandverkleidung**.

Maulwurf
⚒ → **Blechbüchsenarmee**, → **Heinzelmännchen**.

Meeterverein → **Ritter der Schwafelrunde**.

Mehrheitsmeiner Der „Mehrheitsmeiner“ bildet sich seine Meinung anhand der herrschenden Macht- oder Kräfteverhältnisse. Wenn man also auf der Siegerseite steht, *kann* man auf ihn bauen, *sollte* es aber nicht, sondern ihn einfach nur so nennen.

Meinung: er kann einem knallhart die Meinung andeuten Klarheit und Unnachgiebigkeit in der Sache bei gleichzeitig unvermindertem Respekt vor der Person unterscheidet die ideale Führungspersönlichkeit von ihren Mitarbeitern. Trotzdem kommt es immer wieder vor, dass Stellen mit Kollegen besetzt werden, die aufgrund mangelnder Präzision des Ausdrucks und ungenügendem Durchsetzungsvermögen nie so hoch hätten gelangen dürfen. Wenn Sie also über einen Kollegen berichten, er könne einem auch schon mal „knallhart die Meinung andeuten“, stellen Sie damit in jedem Fall klar, dass wir hier schließlich nicht in einer Selbsterfahrungsgruppe sind. → **Machtwort**.

Meistersingerhalle Scherzhaft für: Konferenzraum.

Memopause 1. Wenn Ihrem Kollegen kurzzeitig entfallen ist, was er eigentlich sagen wollte, leidet er wahrscheinlich an einer „Memopause“. 2. Bezeichnung für den Zeitraum zwischen zwei Notizen eines → **Memo-Sprudler**s.

Memo-Sprudler Hauptdaseinszweck des „Memo-Sprudlers" ist es, fortlaufend eine Notiz nach der anderen zu verfassen und seine Kollegen damit zu bombardieren. Es ist vorteilhaft, sich eigens für diese Spezies eine zusätzliche Mail-Box im Intranet einrichten zu lassen, deren Inhalt alle zwei bis drei Wochen automatisch gelöscht wird. Vorausgesetzt, Ihr zuständiger → **Systemparalytiker** kriegt das hin.

Microsoft-Programmierfehler *auch* **Typische Novell-Schwäche** Früher oder später stoßen Kollegen aus dem IT-Bereich an die Grenzen ihrer Kunst. Die dann regelmäßig einsetzenden Beschuldigungen von Soft- und Hardwareherstellern können Sie sich ersparen, wenn Sie mit einem vorsorglichen „Ist wohl wieder ein Microsoft-Programmierfehler, was?" Ihrem IT-Betreuer den Wind aus den Segeln nehmen.

Minibar Wenn Sie einem Kollegen, der einen Stift oder ein Radiergummi sucht, raten, er solle doch mal in der „Minibar" nachschauen, meinen Sie natürlich seine Schublade.

Minordomus Mit dem „Minordomus" stellen Sie Ihre betriebliche Hierarchie wieder auf die Füße und geben Ihrem Hausmeister zu verstehen, dass der *Major* des Hauses immer noch woanders sitzt.

Miraculix
→ **Alchemist**, → **Druide**.

Miss Management Die Kollegin, die Sie neuen Mitarbeitern als „Miss Management" vorstellen, ist, wenn's langt, vielleicht eine → **Blondschleiche**, hat aber sonst nicht viel auf der Pfanne.

Missionar
🚗 Scherzhaft für: Vertriebsprofi.

Mitschwätzer Kollegen, die mitreden, ohne dass sie etwas zum Thema beizutragen hätten, werden als „Mitschwätzer“ bezeichnet. Sie kommen nicht selten aus den Abteilungen PR oder Personal und schreiben dann die Zeit ihrer wortreichen Anwesenheit ungeniert auf Ihre Kostenstelle.

Monster AG Scherzhaft für: eine Firma, der gegenüber man kritische Distanz bewahrt, sei es die Firma eines Lieferanten, eines Abnehmers oder nötigenfalls auch die eigene.

Montagebüro Das Selbstverständnis vieler Kollegen, denen mehrere praktische Tätigkeiten anvertraut sind, ist oft arg angekratzt. Dazu tragen nicht selten allein schon Lage und Gestaltung von Arbeitsstätten in nicht geringem Maße bei: Eine Werkhalle befindet sich nun mal nicht im siebzehnten Stock, und sie ist in aller Regel auch nicht holzvertäfelt. Trotzdem ist Ihr sauberes Office in letzter Instanz nicht wertvoller als eine verdreckte Montagehalle. Werten Sie den Arbeitsplatz eines Mitarbeiters im Overall also auf, indem Sie ihn augenzwinkernd als „Montagebüro“ bezeichnen.

Mundwerker Der redliche Handwerker und Praktiker ist stolz auf seinen Beruf. Mit seiner Hände Arbeit und mit tatkräftiger Unterstützung des Anlagevermögens schafft er schöne Dinge, die eigentlich nur noch die Qualitätskontrolle durchlaufen müssen. Trotzdem wird er von den Kollegen in Bügelfalten oft herablassend behandelt. Da ist es nur recht und billig, wenn er sich mit dem „Mundwerker“ dagegen zur Wehr setzt, der nicht nur die hauptsächliche

Tätigkeit der damit gemeinten Berufe korrekt beschreibt, sondern auch ein leichtes Schmunzeln über die Vergänglichkeit des damit erzielbaren Endprodukts erlaubt. → **Bügelfaltler**.

Musterknabe *auch* **Erwin Mustermann** Der „Musterknabe“ sitzt im Einkauf und kann sich gar nicht satt sehen an all den vielen schönen Gratismustern, die er immer wieder von seinen Lieferanten zugeschickt oder überreicht bekommt. → **Pröbchensammler**.

Müttergenesungswerk Scherzhaft für: Gesamtheit der Kurse, auf die man immer von der → **Familienberatung** geschickt wird.

My fair lady [mai fähr läi'di] Gerade Hochschulabsolventen erwarten aus unerfindlichen Gründen, dass man ihnen diejenigen praktischen Fähigkeiten vermittelt, die die neue Stelle von ihnen verlangt und die kein Außenstehender sich selbst aneignen kann. Lassen Sie sie mit einem jovialen „Wir sind hier doch nicht in ‚My fair lady‘!“ keine Sekunde lang darüber im Irrtum, dass sie sich schon selbst den Weg zur Kantine suchen müssen.

N

Nachfrageignorant Weit vor unserer Zeit waren die Tüftler aus der Forschungsabteilung mit der Entwicklung all jenes nichtigen Zeugs, wonach es die Nachfrage immer dürstet, so unglaublich unterfordert, dass sie schließlich davon abkamen und sich fortan nur noch der Frage nach der Entstehung der Welt widmeten. Dass sie trotzdem auch heute noch in Firmen Anstellung finden, liegt daran, dass im Rahmen ihrer Tätigkeit zumindest ab und zu mal ein verwertbares → **Nebenprodukt** abfällt. Das sollte Sie trotzdem nicht dazu verleiten, mit Ihrer Meinung hinter dem Berg zu halten. Weisen Sie mit dem „Nachfrageignoranten" vielmehr darauf hin, dass man auf ein Puddingrezept doch eigentlich sehr viel schneller kommen müsste, als das in Ihrer Forschungsabteilung der Fall ist. → **Vermarktungsfeind**.

Nachfristbettler Der „Nachfristbettler" versaubeutelt es regelmäßig, eine Aufgabe zum gesetzten Termin zu erledigen, um dann ebenso regelmäßig eine Verlängerung der Frist zu beantragen, innerhalb derer er „dann aber auch wirklich" alles zur Zufriedenheit regeln werde.

Nachgesetzter Nicht sehr freundlich für: Mitarbeiter.

Nadelstreifer → **Bügelfaltler**.

Nebenprodukt, vermarktbares *auch* **Abfallprodukt** Forscher und Entwickler streben stets nach Höherem. Aufgrund ihres mehr ganzheitlichen und vernetzten interdisziplinären Denkens bemühen sie sich um systemische Lösungen, die Bestandskraft für die nächsten Jahrhunderte haben. Forscher suchen nach *dem* globalen Verkehrsleitsystem, während Sie nur eine etwas gefälligere Form des Blinkerhebels nachgefragt haben. Die Raumfahrtforschung brachte die Teflonpfanne hervor. Teflonpfannen können heutzutage verkauft werden, während Weltraumreisen nach wie vor einem kleinen Kreis von Spezialisten und – im Ausnahmefall – überdurchschnittlich zahlungskräftigen Privatpersonen vorbehalten bleiben. Sprechen Sie dieses etwas heikle Problem humorvoll an, wenn Sie das nächste Mal in der Entwicklungsabteilung anfragen: „Na, habt ihr auch ein verwertbares Nebenprodukt für uns dabei?"

nicht gut, aber günstig Betriebliche Einkäufer haben bei ihrer Einkaufsentscheidung eine Fülle von Kriterien zu berücksichtigen, unter deren *Top Ten* der Preis die ersten fünf Plätze belegt, gefolgt von Rabatten und Frachtkosten. Wenn demnächst die lang erwartete Lieferung des von Ihnen bestellten Materials kommt, lassen Sie es sich also nicht nehmen, sich persönlich zum Wareneingang zu begeben und nach einer kurzen Prüfung des Materials ihrem Einkäufer zuzuknurren: „Nicht gut, aber günstig, was?" → **BOGOF**, → **Dutzend**, → **Payback-Karte**, → **Qualität,** → **Sonderangebot**.

nomophil Die Arbeit in der Rechtsabteilung einer Firma setzt eine gewisse Affinität zu Gesetzen und Rechtsverordnungen voraus. Wenn Sie Kollegen aus diesem Bereich augenzwinkernd als „nomophil" bezeichnen, geben Sie zu erkennen, dass Sie um deren heimliche Leidenschaft wissen und Verständnis dafür aufbringen.

normschön Wenn Sie Ihren Kollegen aus den Bereichen Forschung und Fertigung die Entwicklung „normschöner"

Produkte bestätigen, bringen Sie damit nicht selten zum Ausdruck, dass die Ästhetik dabei trotzdem irgendwie auf der Strecke bleibt.

Null: führende Null Eine führende Null ist eine Null, die am Anfang einer Zahl steht. Wenn es nicht gerade um Vorwahlnummern in der Telekommunikation geht, beruht die führende Null auf einer entsprechenden Anweisung an die Rechenmaschine, nicht benötigte Stellen für die Darstellung einer Zahl aufzufüllen, ohne dass dies – rein mathematisch – auch nur irgendeine Bedeutung hätte. Bezichtigen Sie einen Vorgesetzten, eine „führende Null" zu sein, halten Sie ihm genau diese Bedeutungslosigkeit für seinen eigenen Verantwortungsbereich vor. Die „führende Null" bleibt jedoch nicht nur Vorgesetzten vorbehalten. So wie jemand beispielsweise ein führender Mikrobiologe sein kann, ohne deswegen an der Spitze einer Hierarchie stehen zu müssen, können Sie mit der „führenden Null" jedem beliebigen Kollegen vorwerfen, auf seinem Gebiet führend zu sein, nur dass dieses Gebiet unglücklicherweise das des Unbedeutend-Seins ist.

Nullrunde *auch* **Nieting** Gehalts-Nullrunden werden oft auch in einer „Nullrunde" beschlossen. → **Ritter der Schwafelrunde**.

Nummerngirl *bzw.* **Pausenclown** So bezeichnen Sie Kollegen und Kolleginnen, die zumindest aus fachlicher Sicht nicht zu allzu viel zu gebrauchen sind. → **Maskottchen**.

O

Oberforschmeister Der „Oberforschmeister“ ist ein nicht offizieller Titel, den der Chef der Entwicklungsabteilung deswegen auch nicht sehr gerne hört, was den Begriff wiederum dazu prädestiniert, häufiger fallen gelassen zu werden.

Offiziersmesse Vorstandsetage. → **Golfclub**.

Onkel Dagobert
Scherzhaft für: Controller.

Opernball Scherzhaft für: Jede Art von Event, den Ihre PR-Abteilung veranstaltet.

Ordensbruder Ein „Ordensbruder“ denkt Tag und Nacht an die nächste Auszeichnung, die er sich erwerben und irgendwo für alle sichtbar an den Kittel oder das Jackett heften könnte. Deswegen sitzt er oft stundenlang in seinem → **Hobbykeller** und löst → **Schwedenrätsel**.

Ösewicht Scherzhaft für einen → **Lötmann**, der auch noch mit Nieten, Haken und eben auch Ösen hantiert. → **Schraubenzieher**.

Outputästhet
→ **Auslastungsfetischist**.

P

Palais Schaumschlag Nicht ganz unkritisch für: Marketing-Abteilung.

Palais Schaumwein → **Karaffenland**.

Palettengeneral Logistiker entwickeln schnell ein untrügliches Gespür dafür, dass der Wert ihrer Leistungen systematisch unterschätzt wird. Geben Sie Ihrem Kollegen die gleichermaßen wichtige wie unverdiente Anerkennung mit einem launig-jovialen „Palettengeneral".

Partykeller Scherzhaft für: Empfangsraum für Gäste. → **Karaffenland**.

Passivposten Versäumen Sie es nicht, dem einen oder anderen Kollegen, mit dessen Leistungen Sie selbst dann unzufrieden sind, wenn es Sie überhaupt nichts angeht, hin und wieder ein „Du wirst doch hier auch nur als Passivposten gebucht!" zuzuraunen. → **Betriebsausgabe**, → **Kostenstelle**, → **Maskottchen**.

Passwort-Vergesser Know-how stellt einen der wichtigsten Produktionsfaktoren dar. Wissen sichert Vorsprung und ist ein schützenswertes Gut. Der Zugriff auf geheime Informationen ist ohne entsprechende Identifikation der Berechtigten in der Regel überhaupt nicht mehr möglich. Mit dem „Passwort-Vergesser" entlarven Sie diejenigen Ihrer Kollegen, die aufgrund einer tendenziell verträumten Mentalität das Gespür für die elementaren Dinge des Arbeitslebens vermissen lassen und meist auch nicht mehr von selbst darauf kommen, dass das gesuchte Kennwort mit dem Namen des Hundes identisch ist, dessen Foto auf dem Monitorgehäuse prangt.

Patentamt Indem Sie Ihre Forschungs- und Entwicklungsabteilung als „Patentamt" bezeichnen, nehmen Sie gezielt den Wunsch Ihrer dortigen Kollegen aufs Korn, etwas angemessener am Erfolg bahnbrechender Innovationen beteiligt zu werden.

Patzhirsch Der „Patzhirsch" bezeichnet einen Kollegen, dessen außergewöhnlich dominantes Auftreten in eklatantem Widerspruch zu den zahlreichen Schnitzern steht, die er sich ständig leistet.

Pausenbrot-Mitbringer *auch* **Stulle** *Cool* ist es, in der Mittagspause mal eben zum Italiener zu gehen und sich dort einen *Pinot Grigio* mit einer beißfähigen Beilage zu gönnen. *Uncool* ist es hingegen, seine eigenen Stullen auszupacken, wobei noch nicht geklärt ist, was mehr abtörnt: Wenn der Esser die Brote selbst geschmiert hat oder wenn er sie sich daheim hat schmieren lassen …

Payback-Karte [pä'ibäck …] Die Vorliebe eines Einkäufers für sündhaft billige Angebote nehmen Sie gezielt mit der Vermutung aufs Korn, dass der Kollege „ja auch nur noch mit der Payback-Karte einkaufen geht". → **BOGOF**.

Personalbesänftiger *auch* **Personalberuhiger** Zu den Aufgaben eines Kollegen aus der Personalabteilung gehört auch die Beilegung von Konflikten am Arbeitsplatz. Der erfahrene „Personalbesänftiger" fungiert somit oft in einer Doppelrolle als → **Harmoniebeauftragter** und → **Schlichter**. → **Familienberatung**.

Peter Plan Scherzhaft für: Kollege, der am laufenden Band eine Strategie nach der anderen entwickelt, von der keine einzige auch nur irgendetwas mit der harten Marktrealität zu tun hätte.

Pflegedienstleitung → **Familienberatung**.

Pförtnerkenner Die Hektik des Arbeitsalltags führt zu der Forderung, dass nicht betriebsbedingte zwischenmenschliche Kontakte zugunsten der Aufgabenerfüllung auf ein unausweichliches Minimum reduziert werden sollten. Mit dem „Pförtnerkenner" unterstellen Sie dem so Bezichtigten nicht nur, dass er von der Firma bezahlte wertvolle Zeit offenbar mit belanglosen Schwätzchen vertrödelt, sondern vermutlich auch noch zur Kumpanei und nicht standesgemäßen Verbrüderung mit dem einfachen Volk nutzt.

Pförtnerweltbild Der Kollege, dem Sie ein „Pförtnerweltbild" bescheinigen, pflegt in aller Regel eine im wahrsten Wortsinn sehr eingeschränkte Sicht der Dinge und hält es meist für die Quintessenz menschlicher Existenz, dass Parken ohne gültigen Ausweis nicht möglich ist. → **Hausmeistergesinnung**.

Pfötchen geben → **apportieren**, → **Stöckchen holen**.

Phantom Scherzhaft für Kollegen, die man aus geheimnisvollen Gründen nicht oft sieht und die hier vielleicht einfach nur zum → **Umlaufvermögen** zählen.

Planwagenfahrt in der Lüneburger Heide Damit die Kollegen aus dem Einkauf ihre Entscheidungen optimal fällen können, ist es unerlässlich, dass sie die Informationsveranstaltungen ihrer Lieferanten besuchen. Wenn Ihr Einkäufer demnächst anruft, weil er an einem von Ihnen anberaumten Termin nicht teilnehmen kann, zeigen Sie mit Ihrer Vermutung „Mal wieder Planwagenfahrt in der Lüneburger Heide, was?“, dass Sie sich ein gutes Bild von diesen Veranstaltungen machen können.

Plappern gehört zum Handwerk Ein Kollege, bei dem „Plappern zum Handwerk gehört“, verbringt konstant drei Viertel seiner Arbeitszeit damit, über die viele Arbeit zu reden, die noch auf ihn wartet, mitunter gewürzt mit einigen Familienanekdoten, die sich vergangenes Wochenende tatsächlich so zugetragen haben.

Plapperschlange Mit der „Plapperschlange“ bezeichnen Sie Kollegen, die wahre → **Schwatzmeister** sind, ohne dabei auf ein gewisses Maß an Hinterhältigkeit zu verzichten.

Plauschangriff Zum „Plauschangriff“ bläst meist der → **Schwatzmeister** Ihrer Firma. Nehmen Sie sich in Acht, wenn Sie heute noch alles erledigen wollen, was Sie sich vorgenommen haben.

Playstation [pläi stäi'schn]

Scherzhaft für: EDV-Raum. → **DJ**.

Plempernickel → **Kaffeerandverzierer**.

Plüschmanager Kollege, dem es am nötigen Durchsetzungsvermögen fehlt. → **Software**, → **Strickwestenmanager**.

Polier

Nicht ganz unironisch für: → **Hochglänzer**.

Postenstelle Die Tätigkeit eines Kollegen, der auf einer „Postenstelle“ arbeitet, ist irgendwie nicht nur nicht richtig, sondern eigentlich überhaupt nicht definiert, weswegen es sich bei dem Kollegen in aller Regel um einen → **Verwaltungsverwalter** handeln dürfte.

Potenzial Wenn Sie im richtigen Tonfall erzählen, dass ein Kollege gewaltiges „Potenzial“ besitzt, kommen Ihre Zuhörer schon ganz von selbst darauf, dass er es offenbar nicht nutzt.

Praktikantenschoner Praktikanten werden völlig zu Recht an den Kopierer verdonnert oder ins Archiv geschickt, um dort endlich mal für Ordnung zu sorgen: Das sorgt für Kongruenz von Leistung und Bezahlung und zeigt den jungen Schnöseln schon mal, dass der Büroalltag auch nicht immer nur ein Zuckerschlecken ist. Der „Praktikantenschoner“ hingegen lässt die ihm Anvertrauten zwischendurch auch mal einen Bericht schreiben oder an einer Präsentation teilnehmen. Er hat völlig überzogene humanistische Ideale und ist für echte Führungsaufgaben nicht wirklich geeignet.

Praktikantensiezer Der „Praktikantensiezer“ ist kurz davor, auch noch der Aufzugtür zu danken, dass sie aufgeht. Er ist auch zu niedrigeren Hierarchiestufen nicht unhöflicher als gegenüber dem Vorstand und praktiziert damit eine bedenkliche Gleichmacherei.

Praktologe Der „Praktologe“ bildet sich ein, nicht nur im Bereich der grauen Theorie hundertprozentig fit zu sein, ist aber trotzdem nur ein → **Diplomschussel**.

Presse-Conférence Die Tätigkeit im Bereich Public Relations bringt mit sich, dass man viel redet mit dem Effekt, dass man sich früher oder später nicht nur viel, sondern auch gerne reden hört. Nehmen Sie diesen kleinen charakterlichen Defekt aufs Korn, wenn Sie Ihrem PR-Kollegen demnächst wieder begegnen und ihn interessiert fragen: „Na, wann hast du denn mal wieder Presse-Conférence?" → **Fassadenreiniger**, → **Firmenvisagist**.

Pröbchensammler Einkäufer erhalten immer wieder kostenloses und unverbindliches Ansichtsmaterial zur Prüfung, was dazu führt, dass sie einen gewissen Ehrgeiz auf dem Gebiet des Ergatterns dieser kleinen Trophäen entwickeln. Nennen Sie Ihren Chefeinkäufer demnächst einfach mal „Pröbchensammler", vor allem wenn Sie wissen, dass er so viel Kisten Wein gar nicht selber trinken kann. → **Schnäppchenjäger**.

Problemoptimierer Der „Problemoptimierer" *löst* Probleme nicht, sondern bindet sie organisch in bestehende Systeme ein, so dass alle etwas davon haben. Während Marketing-Experten diese Spezies vor allem im IT-Bereich vermuten, sehen das die IT-Kollegen genau andersherum. → **Prozessmaximierer**.

Profiamateur Der „Profiamateur" zelebriert seine Unfähigkeit immerhin noch weitgehend fachmännisch und ist insofern dem → **Vollblutversager** ein bisschen überlegen. → **Allroundlaie**.

Profilaal Der „Profilaal" ist um die permanente Demonstration charakterlicher Konturen bemüht, die er nicht hat. → **Kriechgewinnler**.

Projektlackel So nennt ein → **Gemeinkoster** Kollegen, deren Tätigkeit sich einzelnen Kostenträgern zuordnen lässt und die deshalb mangels *helicopter view* den Wald vor lauter Bäumen oder den Markt vor lauter Aufträgen nicht mehr sehen können.

Protokollchef
→ **Zeremonienmeister**.

Prozessmaximierer Anstatt Prozesse zu *optimieren*, sorgt der „Prozessmaximierer" durch eine unvorstellbar aufwändige Arbeitsweise dafür, dass alle Beteiligten an einer Aufgabe genau so lange sitzen, wie man daran nur sitzen kann. → **Problemoptimierer**.

Prunksitzung Scherzhaft für: Tagung des Vorstands.

Pünktlichkommer Es ist alles andere als einfach, im gnadenlosen Alltagsgeschäft seine Individualität, ja Identität zu wahren. Umso mehr werden Kollegen geschätzt, die sich aufgrund ihrer Charakterfestigkeit noch nicht haben verbiegen lassen und Mut zu unbequemen Ansichten und Entscheidungen beweisen. Mitarbeiter, die noch „Ecken und Kanten" haben, lassen sich in aller Regel nur schwer täuschen, und ihr untrügliches Gespür für das Wesentliche ist für jeden Entscheider von unschätzbarem Wert. Weisen Sie Ihre Umwelt darauf hin, dass der Kollege, den Sie als „Pünktlichkommer" erkannt haben, über keinerlei Rückgrat verfügt und sich nach Belieben formen lässt, statt wichtige Impulse zu setzen, die Ihre Firma entscheidend voranbringen.

Putzfrauenkontrolleur Der „Putzfrauenkontrolleur" schaut, nachdem die Raumpflegerin das Büro verlassen hat, noch einmal nach, ob ihr auch der Zigarettenstummel in der schwer zugänglichen Ecke aufgefallen ist, der ihn nun schon seit zwei Tagen stört.

Putzfrauenregisseur Der „Putzfrauenregisseur" hingegen wartet, bis die Raumpflegerin das Büro verlassen hat, zählt langsam bis drei, läuft dann auf den Flur und ruft die Dame noch einmal zurück, um sie auf die sensiblen Stellen seines Offices hinzuweisen, die seines Erachtens nicht *die* Aufmerksamkeit von ihr erhielten, die sie bei kundenorientierter Arbeitsauffassung zweifellos verdient hätten.

Pygmalion Der Legende nach verliebte sich Pygmalion in die von ihm selbst angefertigte Elfenbeinstatue. Wenn Sie Ihren Kollegen aus der Forschungsabteilung so benennen, können Sie an seiner Reaktion feststellen, ob er auch seinen Ovid gelesen hat.

Pyromane Scherzhaft für: Kollege, der für jede Initiative der Geschäftsleitung gleich *Feuer und Flamme* ist, sogar dann, wenn sie nicht völlig sinnlos erscheint.

Q

Q [kjuh] Wenn Sie selbst so etwas wie der *James Bond* Ihres Metiers sind, dürfen Sie Ihren Kollegen aus der Forschungs- und Entwicklungsabteilung mit Fug und Recht „Q" nennen.

Quadratur des Rechtecks Sich an die *Quadratur des Kreises* zu machen erscheint zwar aussichtslos, bleibt aber aus dem Blickwinkel hehrer arbeitsethischer Prinzipien durchaus verdienstvoll. Der Kollege, der sich an der „Quadratur des Rechtecks" versucht, zeichnet sich zwar durch eine bemerkenswerte Selbsteinschätzung aus, bewältigt aber bestenfalls Aufgaben, die ein Quartaner wegen Überqualifikation ablehnen würde.

Qualität: der lässt sich durch Qualität nicht blenden Das Entscheidungsverhalten von Einkäufern ist maßgeblich bestimmt von Kriterien, die Sie als Nutzer der eingekauften Materialien nicht im Entferntesten interessieren. Sprechen Sie dieses Problem einfach mal in der nächsten Abteilungsleiterrunde an, wenn Sie sagen, dass sich Ihr Einkauf „durch Qualität nicht blenden" lasse. → **nicht gut, aber günstig**.

Quartalskäufer Mitarbeiter aus der Einkaufsabteilung bevorzugen feste Bestellrhythmen, die im Normalfall voll an den Bedürfnissen ihrer internen Kunden vorbeigehen. Die mangelnde Dienstleistungsorientierung Ihres verantwortlichen Kollegen geißeln Sie angemessen mit dem „Quartalskäufer".

Quittungsprüfer → **Bewirtungsbeleganzweifler**.

R

Rabattmarkenjäger
→ **Payback-Karte**.

Rampenturner Scherzhaft für: Lager- und Verladeprofi. → **Hubwagenakrobat**, → **Verlader**.

Rechenschuft Der Kollege aus der Buchhaltung, der für die → **Rechnungslügung** zuständig ist, wird auch als „Rechenschuft" bezeichnet.

Rechenstabnostalgiker Der „Rechenstabnostalgiker" erinnert sich gerne an die guten alten Zeiten, in denen alles noch mit der Hand gemacht wurde. Er kann sich noch lebhaft daran erinnern, wie Bilanzen in Steine gemeißelt und Charts mit Aquarellfarben auf Pergament gemalt wurden und erzählt allen gerne davon, die das nicht interessiert. Er ist meistens ein → **Innovationsallergiker**.

Rechnungshof
→ **Amt für Rechnungsunwesen**.

Rechnungslügung Ganz ähnlich wie beim Kollegen aus der PR-Abteilung besteht die Aufgabe eines Buchhalters darin, das Bild einer grundsoliden und gesunden Firma nach außen zu vermitteln. Der Unterschied zum PR-Mitarbeiter ergibt sich aus der Tatsache, dass die Buchführung sich lediglich an eine Teilöffentlichkeit wendet und dieser auch nur quantifizierbare Informationen zukommen lässt. Wenn Sie den kosmetischen Operationen nicht ganz trauen, die bei der Überführung einer handelsrechtlichen Bilanz in eine auch steuerrechtlich gültige Form vorgenommen werden, halten Sie mit Ihrer Skepsis nicht hinter dem Berg und definieren die Kunst der *Rechnungslegung* einfach in „Rechnungslügung“ um.

Rechnungswesen Das „Rechnungswesen“ arbeitet in der Buchhaltung, die von der Kundenfront so weit entfernt ist wie zahlreiche andere Sterne.

Rechts-Links Gerade Kollegen aus der Rechtsabteilung reden manchmal ein fürchterliches Kauderwelsch. Sprechen Sie diesen Tatbestand einmal humorvoll an, wenn Sie das nächste Mal sagen: „Ich weiß, da kannst du mir bestimmt noch ein paar prima Rechts-Links im Internet zeigen.“

Recyclinghof Scherzhaft für: Kantine.

Reißbrettempiriker → **Schreibtischpraktiker**.

Reise nach Jerusalem Oft schwer nachvollziehbare Personalentscheidungen (Ernennung von Vorständen etc.) legen bisweilen die Vermutung nahe, dass in den jeweiligen Gremien die „Reise nach Jerusalem“ gespielt wird.

Reisebüro Scherzhaft für: Vertriebsabteilung. → **Wanderbühne**.

Rennstallchef Der Waren- und Materialfluss erfolgt oft langsamer als erwartet, geplant und vereinbart. Beweisen Sie Ihrem Logistik-Profi mit einem aufmunternden „Rennstallchef“, dass Sie nicht aufhören werden, trotzdem an ihn zu glauben.

Rentnerband […bänd] → **Jurassic Park**.

Richtlinienlerner Der „Richtlinienlerner“ ist oft von einer nennenswerten → **Beamtenmentalität** infiziert. Vorteil: Er kennt die Vorschriften. Nachteil: Er weiß nicht, was zu tun ist.

Risikofaktor Nicht selten hört man von so genanntem
⚒ *menschlichen Versagen*, obwohl in den betreffenden Fällen meist genügend Technik mit im Spiel war, die einen Teil der Verantwortung hätte übernehmen können. Vor diesem Hintergrund erscheint es nur logisch, wenn Sie die Mitarbeiter Ihrer Produktion als potenzielle „Risikofaktoren“ bezeichnen.

Ritter der Schwafelrunde Meetings, Sitzungen und Tagungen aller Art sind aus dem modernen Arbeitsleben nicht mehr wegzudenken. Bekannt ist gleichzeitig aber auch, dass Zusammenkünfte dieser Art nicht immer als effizient gelten können, da Redner oft nicht vorbereitet sind oder im Laufe der Diskussion das Thema verloren geht, sofern es überhaupt eins gab. Geißeln Sie unnachgiebig die tiefe Kluft zwischen Anspruch und Wirklichkeit, wenn Sie die Teilnehmer solcher Sitzungen als „Ritter der Schwafelrunde“ bloßstellen.

Roadie [rou'dih] Der „Roadie“ ist derjenige Ihrer Assistenten, der als Belohnung für das Tragen Ihrer Koffer auch mit auf die Geschäftsreise darf.

Roboter
⚒ → **Blechbüchsenarmee**, → **Maulwurf**.

Rohrverleger
⚒ → **Schraubenzieher**.

Rückseitenfaxer Der „Rückseitenfaxer" kriegt es beim besten Willen nicht auf die Reihe, das zu übermittelnde Schriftstück richtig herum ins Fax zu legen. Dies verursacht allerdings beim Empfänger trotzdem keine Zusatzkosten für einen entsprechenden telefonischen Hinweis, denn der Rückseitenfaxer erkundigt sich meist schon fünf Minuten später voll freudiger Erregung beim Kunden, ob denn das Fax schon angekommen sei.

Rudis Resterampe

Scherzhaft für Einkaufsabteilung.

Ruhe: der Arzt hat ihm Ruhe verordnet Nicht selten fragt man sich kopfschüttelnd, was den einen oder anderen tendenziell untätigen Kollegen ausgerechnet in Ihre Firma verschlagen hat. Sind sich Ihre Vorgesetzten auch nicht mehr ganz sicher, warum die betreffenden Mitarbeiter eigentlich hier sind, klären Sie sie mit dem Hinweis auf, dass der Arzt den fraglichen Kollegen höchstwahrscheinlich mehr „Ruhe verordnet" hat.

Rüstzeitenphobiker *Never change a running system*, sagt der Kollege aus der Produktion und lässt die Bänder so lange laufen, bis der Logistiker nicht mehr weiß, wo er noch neue Lagerhallen anmieten soll. Begründet ist diese Einstellung in einer ausgeprägten Abneigung gegen Rüst- und Anlaufzeiten, die einem immer die schönen Stückkostendegressionseffekte vermasseln. Sprechen Sie mit dem „Rüstzeitenphobiker" dieses irgendwie nachvollziehbare, aber trotzdem nicht ganz *gesund* zu nennende Verhalten einfach mal an.

S

Säbelzahnschnecke Scherzhaft für: Kollege, der gefährlicher erscheinen will, als er tatsächlich ist.

Sackkarrendirektor → **Hochstapler**, → **Palettengeneral**.

Saldo rückwärts Der „Saldo rückwärts“ ist eines jener anmutigen Kunststückchen, die ein Buchhalter im Schlaf beherrscht und für die sich kein Mensch interessiert.

sanfte Geburt Sie unterstellen einem Mitarbeiter, nicht allzu viel Engagement gezeigt zu haben, wenn Sie ihm leicht spöttisch zunicken: „Das war aber mal eine sanfte Geburt, was?“

Sattelschlepper Scherzhaft für: Logistikprofi. → **Dreißigtonner**.

Schamane
→ **Alchemist**, → **Druide**.

Schatzmeister
→ **Barwertmajor**.

Schenkungssteuer Wenn Sie in vertrauter Runde äußern, dass Ihr Kollege aus dem Einkauf doch eigentlich „Schenkungssteuer“ zahlen müsste, spielen Sie auf seine Neigung an, sich den kleinen Aufmerksamkeiten von Lieferanten in aller Regel nicht zu verschließen. → **Musterknabe**.

Schlichter Es gibt Menschen, die Konflikte offen austragen, und es gibt Menschen, die ständig nach Ausgleich suchen. Wenn Ihr Chef Sie nach Ihrer Meinung über einen Kollegen der zweitgenannten Sorte fragt, antworten Sie: „Er ist ein Schlichter." *Wie* Ihr Chef das dann verstehen will, bleibt ganz ihm selbst überlassen. → **Versöhnaroma**.

Schmalzheimer Rätselhafte Krankheit, die sich vor allem in extrem säuselndem Tonfall äußert. Davon befallen sind alle, die zur → **Software** des Unternehmens gehören.

Schnäppchenjäger → **Pröbchensammler**.

Schneckenbändiger Dem „Schneckenbändiger" ist bei all der aufreibenden Arbeit gar nicht so richtig bewusst, dass seine Kollegen seine Abteilung vermutlich noch ganz nebenbei so mit links leiten würden …

Schonverfahren Ganz und gar missglückte Geschäftsreise, bei der man sich gemäß einem alten Vertriebswitz, kaum dass man in den Wagen gestiegen ist, auch *schon verfahren* hat. Passiert immer häufiger den zu alten Hasen aus der → **Rentnerband**.

Schraubenkommandant Mit dem „Schraubenkommandanten" werten Sie jede der praktischen Tätigkeiten auf, die im Arbeitsalltag leider allzu oft viel zu wenig Wertschätzung und Achtung erfahren.

Schraubenzieher Praktisch und mehr handwerklich orientiert arbeitende Menschen schätzen es, wenn ihre am Schreibtisch tätigen Kollegen wissen, was jenseits des Büros sonst noch so alles passiert. Warum bezeichnen Sie Ihren Hausmeister oder einen Mitarbeiter aus der Produktion nicht einfach mal als „Schraubenzieher"? Nur die Sensibelsten werden sich dafür mit dem → **Mundwerker** revanchieren.

Schrauber
🛠 Sehr abfällig für: Produktionsmitarbeiter.

Schraubstockadmiral
🛠 → **Schraubenkommandant**.

Schreibtischaufräumer Die Anforderungen des Arbeitsalltags wachsen ständig. Erfolg ist nur demjenigen beschieden, der den Überblick im Chaos bewahrt und die Komplexität virtuos beherrscht. Scheuen Sie sich nicht, einen Kollegen als „Schreibtischaufräumer" zu decouvrieren, dem ganz offensichtlich alles über den Kopf gewachsen ist und der sich nur noch mit Hilfe rudimentärer ablauforganisatorischer Basismaßnahmen mühevoll über Wasser zu halten weiß.

Schreibtischpraktiker Während der → **Autodidakt** meist aus den eigenen Reihen als solcher bezeichnet wird, bekommt der „Schreibtischpraktiker" diesen Vorwurf von jenen Kollegen zu hören, die nach eigener Einschätzung noch *wirklich arbeiten.* Dafür kann er sich aber auch mit dem → **Maschinenfreund** rächen. → **Bügelfaltler**, → **Mundwerker**, → **Praktologe**.

Schriftgrößenmanager → **Fassadenreiniger**, → **Layouter**, → **Logoverwalter**.
📣

Schwafelsäure Es gibt Menschen, die reden einfach zu viel. Und arbeiten mit Sicherheit auch in Ihrer Firma. Warnen Sie Ihre Kollegen vor jedem einzelnen dieser → **Schwatzmeister**, wenn Sie ihnen vertraulich mitteilen: „Den Kerl haben sie in seiner Kindheit in Schwafelsäure gebadet." → **Labermat**.

Schwallkörper Organ, das bei einem → **Schwatzmeister** den → **Sprechreiz** auslöst.

Schwallmauer Die hat jemand definitiv dann durchbrochen, wenn er einen → **Labermat** an die Wand redet.

Schwatzmeister → **Schwafelsäure**.

Schwedenrätsel Der Kollege aus der Forschungs- und Entwicklungsabteilung, der gerade über einem „Schwedenrätsel“ brütet, widmet sich aktuell einem Problem, das zwar nicht im Geringsten mit der Produktpalette Ihrer Firma in Zusammenhang steht, dessen Lösung aber die Teilnahme an einer gewissen Preisverleihung in Stockholm verheißt. → **Ordensbruder**.

Schweißkerl
→ **Schraubenzieher**.

Schwester → **au pair**, → **Stewardess**.

Scotty [sko’ttih]
Jovial für: Kollege aus dem Logistik-Bereich.

Secret Service [ßi’hkrät ßö’hwiß] Vom „Secret Service“ sprechen Sie, wenn Sie stark vermuten, dass die Kollegen aus der Personalabteilung nicht alle vertraulichen Informationen auch wirklich für sich behalten, sondern vorsichtshalber schon mal nach oben weitergeben.

Seichtathlet Der „Seichtathlet“ ist ein Kollege, dem es eindeutig an geistiger Tiefe mangelt.

Seifenbläser *auch* **Seifenblaser** → **Blender**, → **Illusionist**.

Sekretärinnenimponierer Der „Sekretärinnenimponierer“ hält sich an die gute alte Regel „Tue Gutes und rede darüber“, wendet sich dabei aber regelmäßig an die falsche Zielgruppe. Das lässt irgendwie tief blicken. → **Frischlingbeeindrucker**.

Sekretärinnenmöger Kollegen, die Sie als „Sekretärinnenmöger“ identifiziert haben, haben einen traditionell guten Draht zu den unteren Gehaltsgruppen, weswegen ihnen unbeliebte Entscheidungen wohl auch kaum zuzutrauen sind. → **Pförtnerkenner**, → **Praktikantenschoner**.

Sektretariat Mit diesem bewussten Versprecher machen Sie deutlich, dass Sie durchaus wissen, wo man sich frühmorgens die den Kreislauf anregenden geistigen Getränke abholen kann.

Selbstablenker Der „Selbstablenker“ ruft bei Kunden oder Kollegen an und beginnt das Gespräch zwecks *warming up* mit einem kleinen *small talk*. Dann will er aufs eigentliche Thema zu sprechen kommen und sagt: „Weswegen ich eigentlich anrufe …“ Darauf folgt eine kurze Pause, die er mit dem Versprechen beendet, sich in fünf Minuten noch einmal zu melden. Kollegen, die auf dem Flur stehen und sich fragen: „Was wollte ich eigentlich hier?“, gehören in aller Regel auch zu dieser Spezies.

Selbstauslöser Der „Selbstauslöser“ ist ein meist unerfahrener Kollege, der ohne erkennbaren Anlass plötzlich in hektische Aktivität verfällt und Tätigkeiten verrichtet, die kein Mensch von ihm verlangt hat.

Sektempfangstourist → **Kongresstourist**.

Seminarschwester
→ **Workshopmessias.**

Senkrechtlander Es gibt immer wieder Fälle, in denen ein Kollege eine kometenhafte Karriere hinlegt und aus diesem Grunde völlig zu Recht sehr sinnfällig als *Senkrechtstarter* bezeichnet wird. Sehr viel häufiger anzutreffen sind jedoch Firmenangehörige, die eine normale Laufbahn absolvieren und sich oft genug auch mehr schlecht als recht durchwursteln. Halten Sie diesen Kollegen mit dem „Senkrechtlander" vor Augen, dass man sich auch im Berufsleben nicht den Mächten der Gravitation entziehen kann und es keines hohen Aufstiegs bedarf, um einen spektakulären Absturz vorzuführen.

Shareholder Valley [schä'rholda wä'lliu] Dahin führen regelmäßig die Aktivitäten eines → **Erfolgsvermeiders.**

Shoppingtourist → **Einkaufsbummler**, → **Pröbchensammler.**

Sideboardflorist Der „Sideboardflorist" schenkt seinen Büropflanzen in etwa die Aufmerksamkeit, die er seinen E-Mails entzieht. Er ist meistens ein → **Büropantoffler**, den seine heitere Gelassenheit auch dann nicht verlässt, wenn man ihn auf etwaige Versäumnisse in der internen Kommunikation anspricht.

Sitzungsraumbedufter Es gibt Menschen, deren Ausdünstungen nur schwer erträglich sind. Die meisten von ihnen haben das erkannt und versuchen mit den einfachen Mitteln der Körperhygiene, dieses Makels Herr zu werden. Manche bedienen sich dabei zusätzlich einiger Parfums und parfumähnlicher Substanzen, die meistens ebenfalls nur schwer erträglich sind. Herauszufinden, welche dieser störenden Gerüche Sie übrigens meinen, wenn Sie dieses Problem einmal zur Sprache bringen, überlassen Sie am besten dem „Sitzungsraumbedufter“ selbst.

Skontonaut Abfällig für: Chef-Einkäufer, der sich bei seinen Einkaufsentscheidungen fast ausschließlich von Zahlungskonditionen leiten lässt. → **Payback-Karte**.

Smooth Operator [ßmus opperä'iter] Ironisch für: Kollege, der es bei der Erfüllung seiner Aufgaben an der nötigen Unnachgiebigkeit fehlen lässt. → **Software**.

Software [so'ftuär] Ein Kollege, der in Ihrem Unternehmen zur „Software“ gehört, verfügt nicht gerade über das größte Durchsetzungsvermögen.

Sonderangebot: das gab's bestimmt im Sonderangebot → Payback-Karte.

Sonderkonditionär Kollegen aus dem Vertrieb versprechen ihren Kunden gerne alles Mögliche, wenn diese dafür nur bei der Stange bleiben. Der „Sonderkonditionär“ ist ein routinierter Unterwanderer einer vom Marketing in langen Nächten ausgetüftelten Premium-Preis-Politik. → **Markenkiller**, → **Verramscher**.

Sonnenkönig Vorstand.

Soziologie als Wahlfach Etwaige Skrupel bei anstehenden schweren Entscheidungen ausreichend unter Kontrolle zu haben, fällt einem umso leichter, wenn man das Studium der Managementwissenschaften nicht durch die Teilnahme an Lehrveranstaltungen verwässert hat, die mehr von idyllischen Vorstellungen menschlichen Miteinanders geprägt waren. Wenn Ihr Chef einen Kollegen für eine wichtige Aufgabe vorschlägt, machen Sie ihm mit einem „Der hat doch Soziologie als Wahlfach gehabt.“ unmittelbar klar, dass sich der Kollege vielleicht doch nicht so ganz für eine solche Herausforderung eignet.

Sparschwein Scherzhaft für: Controller. → **Bewirtungsbeleganzweifler**, → **Kostenabschaffer**.

Sphinx Damit Ziele und aktuelle Projekte der Forschungsabteilung möglichst lange geheim bleiben, sollte sich ihr Leiter konsequent als „Sphinx“ geben.

Spiderman [spai'dermän] Scherzhaft für: Kollege aus dem Vertrieb, der sommertags immer mit den schicksten Cabrios zu seinen Kunden düst.

Spiel- und Spaßlabor
→ **Bastelstube**, → **Hobbykeller**.

Sprechreiz Dem unterliegt regelmäßig ein → **Schwatzmeister**.

Spritztour Äußerst abfällig für: Geschäftsreise, bei der der Vertriebskollege in jeder Hinsicht über die Stränge schlug.

Staatsanwalt Scherzhaft für: Kollege aus der Rechtsabteilung. → **nomophil**, → **Rechts-Links**.

Standardfehler Der „Standardfehler“ ist ein Kollege, der gewohnheitsmäßig nie erreichbar ist, wenn man ihn gerade mal braucht. → **Phantom**.

Stand-by [ständ bai] → **Bereitschaftsdienst**, → **Wärmestarre**.

stanzen: der mit dem Wolf stanzt Volkstümliche Rede-
🛠 wendung für: die authentische und unprätentiöse Rechtschaffenheit des Produktionsmitarbeiters.

stapelbar Es ist klar, dass Menschen die gewohnten Bahnen
✈ des Denkens nur ungern verlassen. Wenn auf einer Ihrer nächsten Sitzungen ein Logistiker das Wort ergreifen will, bremsen Sie ihn einfach mit den Worten aus: „Schon klar: Hauptsache stapelbar." Er wird meistens nur zustimmend nicken. → **Hochstapler**.

Steckdosenvorstand *auch* **Leuchtröhrenmanager** So nennen Sie Ihren Hausmeister, wenn Sie gerade mal leutselig drauf sind. Trotzdem Achtung bei der Wahl des Tonfalls! Sie könnten für einen → **Frackaffe**n gehalten werden.

Stein der Weisen
👁 Den suchen immer die → **Alchemist**en.

Stellenbeschreiber Es gibt Kollegen, die besetzen echte, also
🚶 für den Markterfolg relevante Stellen. Und es gibt Kollegen, die können sich nur sehnsüchtig davon erzählen. Der „Stellenbeschreiber" sitzt in der Personalabteilung und hält seine Beobachtungen und Eindrücke in einer Menge von Richtlinien, Organigrammen und eben auch Stellenbeschreibungen fest, die keinen anständigen Recken an der Kunden- oder sonst einer Front wirklich interessieren.

Stewardess Scherzhaft für: Sekretärin. → **au pair**.

Stöckchen holen → **apportieren**, → **Pfötchen geben**.

Störfaktor Scherzhaft für: Ausstattungsgrad eines Buffets mit Kaviarspezialitäten, der auf Kongressen gleichzeitig die Aufmerksamkeit für den Redner beeinträchtigt.

Storno-Star *auch* **Storno-König(in)** Der „Storno-Star" bezeichnet jenen vor allem in Sekretariatskreisen beliebten Typus von Kollegen, der regelmäßig in letzter Minute eine Kongressbuchung rückgängig machen lässt, weil es daheim auch nicht gerade wenig zu tun gibt.

Strickwestenmanager Der Kollege, den Sie als „Strickwestenmanager" outen, legt bei der Verrichtung seiner Arbeit eine heitere und gelassene und damit irgendwie völlig unzeitgemäße Art an den Tag. Klar, dass ihn das nicht gerade für Höheres prädestiniert.

Stückzahlfetischist Die Leistung eines Produktionsmitar-
⚒ beiters ist direkt mess- und ablesbar an den zählbaren Einheiten, die heute wieder seine Abteilung verlassen haben. Da man beispielsweise im Marketing längst nicht so unmittelbar den Erfolg einer Maßnahme oder Entscheidung ermitteln kann, sollte man sich rechtzeitig mit dem „Stückzahlfetischisten" über dermaßen engstirniges Denken lustig machen. → **Drehzahlapostel**, → **Outputästhet**.

Stundenschnelle Zeit ist Geld. Märkte verändern sich immer schneller, und umso schneller müssen Entscheidungen getroffen werden, um angemessen zu reagieren und Akzente zu setzen. Denunzieren Sie einen Kollegen gezielt, indem Sie ihn mit den Worten empfehlen: „Geben Sie das dem

Müller, der macht das in Stundenschnelle.“ Damit wird sofort klar, dass die Selbstwahrnehmung des betreffenden Kollegen und die Realität empfindlich weit auseinander klaffen, so dass eine Entscheidung für ihn alles andere als unüberlegt und vorschnell getroffen werden sollte.

Sympathy for the Debil [ßi'mpeßi for se dä'bil] Wenn aus Ihrer Sicht unfähige Mitarbeiter gegen alle betriebliche Rationalität im Unternehmen behalten werden, verfahren die Verantwortlichen offenbar nach der Devise „Sympathy for the Debil“. → **Artenschutz**.

Systemparalyse
→ **Systemparalytiker**.

Systemparalytiker *Systementwickler* und *Systemanalytiker* untersuchen Arbeitsabläufe in Betrieben und versuchen sie der elektronischen Datenverarbeitung und modernen Informationstechnologien zugänglich zu machen. Aufgrund der immensen Komplexität der betrachteten Systeme wäre es reiner Zufall, wenn das gelänge. Sie begehen deswegen in der Regel keinen Fehler, wenn Sie die betreffenden Kollegen besser als „System*para*lytiker“ bezeichnen. → **Datei-Manager**.

Systemverwickler
→ **Systemparalytiker**.

T

Tagelöhner Reichlich abfällig für: gewerblicher Mitarbeiter.

Tastaturkrümler Den „Tastaturkrümler" stört es wenig, wenn Kuchen- oder Tabakkrümel in die Tastatur seines PCs rieseln. Er ist allerdings sehr erstaunt, wenn das System nicht mehr reagiert und wundert sich dann lautstark, woran das liegen kann.

Teilchenbeschleuniger Scherzhaft für: Kollegen aus der Forschungs- und Entwicklungsabteilung.

Tellerrand-Visionär Machen Sie einem Kollegen, der für die Entwicklung positiver Leitbilder bezahlt wird oder sich dazu berufen fühlt, klar, dass man die Grenzen des eigenen Denkens nicht wirklich durchbrechen kann und sich der „Tellerrand-Visionär" nicht einmal richtig darum bemüht.

Thesaurus Rex Der „Thesaurus Rex" ist ein Furcht erregendes Tier, das im Controlling arbeitet und die Schätze des Vorstands überwacht. Eine Verwandtschaft zum eher schwerfälligen → **Kontosaurus** konnte bislang nicht nachgewiesen werden.

Tick, Trick und Track Scherzhaft für: ein erfolgreich zusammenarbeitendes Team, das Sie vermutlich gerade deswegen nicht sonderlich mögen.

Tim und Struppi Scherzhaft für: ein besonders eng zusammenarbeitendes Team.

Time-System-liegen-Lasser Höchste Konzentration und ständige Aufmerksamkeit sind die Grundvoraussetzungen für eine leitende Tätigkeit. Der Kollege, den Sie als „Time-System-liegen-Lasser" beschimpfen, hat vermutlich nicht seine fünf Sinne beisammen, und man muss sich wirklich fragen, woran das liegt. → **Passwort-Vergesser**.

Tipperware [ti'ppauär] Scherzhaft für: Textverarbeitungssoftware. → **Tippschein**.

Tippschein Nicht zuletzt die reibungslose und eigenverantwortliche Abwicklung des Belegflusses und weiter Teile der geschäftlichen Korrespondenz haben dazu geführt, dass sich die Tätigkeit einer Sekretärin immer weiter weg vom reinen „Tippen" entwickelt hat. Sofern Sie von Ihrem eigenen Sekretariat einen anderen Eindruck gewonnen haben, sprechen Sie dies gezielt an, wenn Sie sich den Entwurf für den nächsten Geschäftsbrief zeigen lassen: „Na, geben Sie Ihren Tippschein mal her!" umschreibt auf launige Weise Ihre Überzeugung, dass sich die Arbeitsauffassung Ihrer Mitarbeiterin seit den späten sechziger Jahren nicht mehr maßgeblich verändert hat.

Tonerverschütter Es ist unschön und nur schwer erträglich, ansehen zu müssen, wie manche Kollegen bei den einfachsten Verrichtungen scheitern (→ **Kopierstau-Verursacher**). Noch unschöner und noch schwerer erträglich wird es, wenn Kollegen sich an vermeintlich anspruchsvollere Aufgaben wagen, die tatsächlich jedoch nicht weniger banal sind als diejenigen Tätigkeiten, die sie bisher verrichteten. Ein Kollege, der von Ihnen als „Tonerverschütter" identifiziert wurde, hat die Niederungen der erfolgreichen unbeabsichtigten Sabotage durch bloße Arbeitsverrichtung längst hinter sich gelassen und wagt sich nun an die nächsthöhere Disziplin der Sabotage durch vermeintliche Instandsetzung.

Tor zur Welt Scherzhaft bis sehnsüchtig für: Die große gläserne Eingangstür eines Unternehmens, durch die hinaus man ins Freie gelangt.

Träner Reichlich abfällig für: Von der Personalabteilung engagierter *Trainer* oder *Coach.*

Transportologe
Etwas abfällig für: Logistiker. → **Scotty**.

Tresenabrechnung Wenn Sie den Verdacht hegen, dass die Spesenabrechnung Ihres Vertriebskollegen unnötig teure Bewirtungen enthält, sollten Sie eher von einer „Tresenabrechnung" sprechen.

Tschitti Tschitti Bäng Bäng Etwas von oben herab für: Aufgabengebiet eines Forschers und Entwicklers. → **Fliewatüüt**.

Tütensuppenapotheose
→ **Früchtewürfel auf Frühlingswiese**.

Typopath Derjenige PR-Kollege, der Verstöße gegen die CI-Richtlinien mit einer schon krankhaft zu nennenden Unnachgiebigkeit aufdeckt, wird völlig zu Recht „Typopath" genannt. → **Briefbogenkünstler**, → **Layouter**, → **Schriftgrößenmanager**.

U

Überstundenbeantrager Wenn es mal wieder hart auf hart kommt, muss man eben in den sauren Apfel beißen und heute Abend eben bis elf bleiben. Nur der „Überstundenbeantrager" reicht das entsprechende Formblatt beim Betriebsrat ein, der dann nächste Woche darüber entscheidet. → **Beamtenmentalität**.

Uhrensammler → **Pröbchensammler**, → **Schenkungssteuer**.

Umlaufhorter Der „Umlaufhorter" erhält das *Handelsblatt* immer als Erster. Es landet dann *erst mal* auf dem großen Stapel mit den übrigen Ausgaben der letzten drei Jahre, bis er mal Zeit hat, einen Blick hineinzuwerfen.

Umlaufvermögen *auch* **durchlaufender Posten** Auch Telefon und E-Mail haben den persönlichen Kontakt zu Gesprächs- und Verhandlungspartnern nicht vollständig ersetzen können. Wenn es zwar so gesehen nicht verwundert, dass nicht jeder Mitarbeiter ständig am Platz anzutreffen ist, fällt es bei einigen Kollegen doch auf, dass sie relativ häufig irgendwo im Haus unterwegs sind. Zweifel an der ausschließlich dienstlichen Veranlassung der Mehrheit solcher Termine sind da durchaus berechtigt. Wenn sich Ihr Chef also das nächste Mal nach Ihrem Kollegen erkundigt, weisen Sie ihn auf die etwas laxe Arbeitsauffassung des Gesuchten hin, indem Sie betont beiläufig erwidern: „Der Schneider? Der gehört hier doch sowieso zum Umlaufvermögen."

Umsatzasket „Umsatzasketen" sind all diejenigen Kollegen, die aufgrund ihrer Tätigkeit bei internen Services aller Art

(IT, Personal etc.) mit dem Makel leben müssen, außer Kosten nichts zu produzieren, was die Finanzbuchhaltung auch nur im Entferntesten interessieren könnte. → **Gemeinkoster**.

unter Deck Dort arbeitet die → **Blechbüchsenarmee.**

Unterflieger Ganz wie der *Überflieger* genießt der „Unterflieger“ das schöne Gefühl des Abgehobenseins, gerade auch weil es bei ihm sehr viel seltener vorkommt, wenn es auch die Erwartungen seiner Umwelt nicht einmal annähernd erfüllt.

Unteroffizier
⚒ → **Exekutive.**

V

Verkaufslyriker Ist ein Kollege aus den Bereichen Marketing oder Vertrieb ein „Verkaufslyriker", findet er auch noch für das unbedeutendste Produkt die schönsten Worte, um sie an den Mann zu bringen, gerade so, als ob er selbst dran glaubt.

Verkehrsminister
Scherzhaft für: Chef-Logistiker.

Verklärer
Eher abwertend für: Kollege aus dem Marketing.

Verlader
Ziemlich abfällig für: Kollege aus der Logistik.

Verlustzonenhysteriker Der „Verlustzonenhysteriker" legt eine ziemlich unprofessionelle Unruhe an den Tag, sobald sich das Quartalsergebnis Ihres Bereichs von oben her auch nur in die Nähe einer schwarzen Null bewegt. Fraglich, wie so einer überhaupt Ihr Vorgesetzter sein kann.

Vermarktungsfeind
→ **Nachfrageignorant.**

Versandtaschengeneral Anerkennend für: Kollege aus der Hauspostabteilung.

Verschusselungstechniker Beim „Verschusselungstechniker" handelt es sich um einen Kollegen, der früher oder später nicht mehr wiederfindet, was er doch gerade noch in der Hand hielt.

Versöhnaroma Der Kollege, in dessen Abteilung das volle „Versöhnaroma" wabert, scheut wahrscheinlich die direkte Auseinandersetzung unter echten Männern. → **Schlichter**.

Versuchslabor Scherzhaft für: Kantine. → **Recyclinghof**.

Verramscher
→ **Markenkiller**.

Vertreiber
Eher abfällig für: Kollege aus dem Vertrieb.

Vertröter Der „Vertröter" ist ein *Vertreter*, der alle nasenlang die neusten Firmeninterna an seine Kunden hinausposaunt, um sich bei diesen beliebt zu machen. → **Kundenkasper**.

Verwaltungsverwalter Das Aufgabengebiet eines „Verwaltungsverwalters" umfasst Tätigkeiten mit einem hohem Anteil an eher bürokratischen Arbeiten, die nicht nur völlig nutzlos sind, sondern in der Regel auch noch auf den Charakter abfärben.

vier: er kann auch mal vier gerade sein lassen Der Kollege, von dem Sie vertraulich kolportieren, dass er auch mal „vier gerade sein lassen" könne, wird vermutlich gar nicht merken, dass alles, was er als große Wohltat seinen Mitarbeitern gewährt, ohnehin schon vertraglich vereinbart war. Was einerseits für ein gewisses Maß an Konsequenz bei der Mitarbeiterführung spricht, andererseits aber auch auf Begrenzungen der Kapazitäten im mentalen Bereich hindeutet.

Vierfarbidylliker *auch* **Vierfarbromantiker** Scherzhaft für Kollegen, der in der Werbung arbeitet. → **Anzeigenbaron**.

viermalklug Die Welt ist voll von Zeitgenossen, die immer alles besser wissen und für jedes Problem ein kaum durchdachtes Patentrezept haben. Lassen Sie sich dadurch nicht aus der Ruhe bringen, sondern erklären Sie einem Kollegen, der ein einfacheres und besseres Konzept hat als Sie mit leicht spöttischem Unterton: „Sie sind mir ja ein Viermalkluger!" Damit wird jedem der Anwesenden klar, dass die intellektuellen Kapazitäten des Bezichtigten nicht einmal dazu ausreichen, gescheit vorlaut – eben *neunmalklug* – sein zu können.

Visite Wenn Sie sich bei Ihren Kollegen erkundigen, ob heute schon „Visite" war, fragen Sie damit eigentlich nach, ob sich heute schon der → **Durchlauferhitzer** hat blicken lassen.

Vollblutversager Es liegt in der Natur des „Vollblutversagers" sämtliche Aufgaben nach allen Regeln der Kunst gründlichst zu versemmeln.

Vorkoster
Eher abfällig für: Einkäufer sowie dem Vorstand direkt zuarbeitende Kollegen.

Vorratskammer → **Kiosk**.

Vorstandsballett
Scherzhaft für: PR-Abteilung.

Vorstandsgroupie *auch* **Vorstandsjünger** PR-Abteilungen fungieren als offizielles Verlautbarungsorgan für den Kurs des Vorstands. Da jede Art von Tätigkeit ein Mindestmaß an Identifikation mit ihr erfordert, die im Laufe der Zeit automatisch hin zu einem Zustand völliger mentaler Abhängigkeit anwächst – vor allem wenn man täglich Kontakt zu ganz, ganz hohen Tieren pflegt –, ist es nur recht und billig, wenn Sie die Kollegen aus der Öffentlichkeitsarbeit als „Vorstandsgroupie" bezeichnen.

Vorstandspudel
→ **Vorstandsgroupie**.

Vorstandssouffleuse
→ **Vorstandsgroupie**.

Vorturner Scherzhaft für: Kollegen, die im Bereich Kundenkontakt arbeiten.

W

Wahlwiederholer Der „Wahlwiederholer“ drückt gewohnheitsmäßig auf die Taste für Wahlwiederholung, um dem Angerufenen nur kurz mitzuteilen: „Ach, Sie wollte ich jetzt gar nicht.“

Wanderbühne *auch* **Tourneetheater** Scherzhaft für: Vertriebsabteilung.

Wandverkleidung So nennen Sie am besten jene Kollegen, die an einer Sitzung lediglich deswegen teilnehmen, damit der Raum nicht ganz so leer aussieht. → **Komparse**.

Wärmestarre Kollegen, die trotz optimaler Klimabedingungen eher gemächlich bis gar nicht arbeiten, befinden sich nicht selten im Zustand der „Wärmestarre“. → **Bereitschaftsdienst**.

Warmline [uo'rmlain] Wenn Sie stundenlang anrufen müssen, um in der EDV-Abteilung endlich mal jemanden zu erreichen, haben Sie nicht nur das Recht, sondern eigentlich auch schon die Pflicht, die *Hotline* zur „Warmline“ zu degradieren.

Warmsporn Voller Tatendrang ist die Jugend. Kaum ein Trainee, der nicht wenigstens einen Vorschlag zur Verbesserung der Produktpalette zu machen hätte und seine innovativen und revolutionären Ideen auch sofort umsetzen würde, wenn man ihm nur das entsprechende Budget zur Verfügung stellen würde. Dämpfen Sie die Selbstüberschätzung eines hoffnungsvollen Mitarbeiters, indem Sie ihm in väterlicher Nachsicht wohlwollend zulächeln: „Sie scheinen mir ja ein echter Warmsporn zu sein!“

Weinstraße → **Karaffenland.**

Werbologe
Etwas abfällig für einen → **Vierfarbidylliker.**

Werksbesichtigung Kollegen, die tendenziell zum → **Umlaufvermögen** zählen, sind, falls der Chef nachfragt, offenbar gerade mal wieder auf „Werksbesichtigung".

Werkverkehr Zu dem kann es immer dann kommen, wenn zwei Kollegen ein → **Angestelltenverhältnis** haben.

Wickelstube Scherzhaft für: Azubi- oder Praktikantenzimmer. → **Hüpfburg.**

Winnetou [ui'nnetuh] Kollege, der einem mit seiner ständigen Prahlerei über seinen Abteilungsgewinn ziemlich schnell auf die Nerven geht.

Wirtschaftsprüfer Kollegen aus dem Vertrieb, die auffallend häufig ihre → **Tresenabrechnung** vorlegen, dürfen sich nicht wundern, wenn man sie „Wirtschaftsprüfer" nennt.

Witzepräsident So bezeichnen Sie Ihren *Vizepräsidenten*, wenn er Ihnen manchmal etwas lächerlich vorkommt.

Workshopmessias Mit dem „Workshopmessias" bringen Sie zum Ausdruck, dass Sie das Methodenspektrum der Kollegen aus der Personalabteilung für letztlich doch arg begrenzt halten. → **Personalbesänftiger.**

Wunsch: der liest seinen Kunden jeden Wunsch in die Augen Viele Kollegen aus dem Vertrieb sind dafür bekannt, dass sie ihren Kunden gnadenlos all das aufschwatzen, was die Produktion produziert hat, nachdem es die

Entwicklung nun einmal entwickelt hat. Für ein gelungenes Verkaufsgespräch bedarf es überragender Fähigkeiten auf dem Gebiet der Überzeugungskraft und Suggestion, was Sie mit der Wendung „Der liest seinen Kunden doch jeden Wunsch in die Augen." anschaulich beschreiben.

wurst case Bei den meisten riskanten Projekten ist es absolut sinnvoll, ein Szenario für den *worst case* zu entwickeln. Weisen Sie Ihren Vorgesetzten darauf hin, dass die Beauftragung gewisser Kollegen mit solchen Projekten das Entwerfen einer Alternativstrategie für den sehr viel schlimmeren „wurst case" erforderlich macht, in dem den betroffenen Personen mal wieder völllig piepegal ist, was die Spitze von ihnen verlangt.

X

X: der lässt sich kein X für ein X vormachen Ein Kollege, der sich „kein X für ein X vormachen lässt“, ist in aller Regel dermaßen misstrauisch, dass eine produktive Zusammenarbeit mit ihm unmöglich ist.

Xantippse Sekretariatsdrachen

Xylozephale Die biologisch korrekte Bezeichnung für einen Holzkopf.

Y

Yield Management Das betreibt auch ein Kollege, der alle Anweisungen immer erst einmal daraufhin abklopft, ob dabei auch *für ihn* ein gehöriger Ertrag herausspringt.

Yin und Yang: der muss erst Yin und Yang in Einklang bringen Mit der Bemerkung, dass ein Kollege erst noch „Yin und Yang in Einklang bringen" muss, weisen Sie Ihren Chef einfühlsam darauf hin, dass der Betreffende grundsätzlich eher für beschauliche Aufgaben wie etwa leichte Zustelldienste usw. geeignet ist, keinesfalls jedoch für das Projekt, das der Vorgesetzte ursprünglich *ihm* anvertrauen wollte und das Sie selbst gerne an Land gezogen hätten.

Yuuie [ju'ih] Der „Yuuie" ist eine junge großstädtische Pfeife (*young urban unprofessional*).

Z

Zahlenknutscher Der „Zahlenknutscher" legt überdurchschnittlich viel Wert auf quantitative Erfolgskriterien und ist deswegen so beliebt wie ein Controller, falls er nicht sogar einer ist. → **Barwertmajor**.

Zahlhans 1. Controller, der unheimlich stolz auf seine finanzmathematischen Kenntnisse ist. 2. Kollege, der gerne damit angibt, seine Mitarbeiter immer wieder mal auf ein Bier einzuladen.

Zahnradmanager → **Schraubenkommandant**.

Zartliner Der Arbeitsalltag verlangt immer wieder Entscheidungen, die alles andere als beliebt sind. Führungskräfte unterscheiden sich nicht zuletzt dadurch von ihren Mitarbeitern, dass sie solche Entscheidungen treffen und auch durchsetzen können. Wer es sich zum Prinzip gemacht hat, ständig einen unnachgiebigen Kurs zu verfolgen, wird meist als *hardliner* bezeichnet. Dem von Ihnen so genannten „Zartliner" dagegen mangelt es an der Härte, die notwendig ist, um eine Mannschaft diszipliniert zu führen. → **Entscheidungen: der kann auch mal bequeme Entscheidungen treffen**, → **Machtwort**, → **Meinung**.

Zauderkünstler *auch* **Der Zauderer von Oz** Scherzhaft für: Kollege, der sich für alles entscheiden kann, nur nicht für eins.

Zeremonienmeister Damit zum Beispiel eine → **Presse-Conférence** auch wirklich wie am Schnürchen läuft, bedarf es ausgefeilter Planung und effizienter dramaturgischer Kontrolle. Loben Sie doch mal einen PR-Mitarbeiter für seine reifen Leistungen auf diesem Gebiet, wenn Sie ihn demnächst als „Zeremonienmeister“ bezeichnen.

Zinsenweisheit Bei der „Zinsenweisheit“ handelt es sich um eine der vielfältigen tief schürfenden Erkenntnisse aus dem Leben eines Controllers, der in seinem tiefsten Innern überzeugt ist: → **Drei Millionen sind zwei mehr als eine**.

Zinswart
→ **Schatzmeister**.

Zinszicke Etwas herablassend für: Mitarbeiterin aus dem Controlling, die außerordentlich inbrünstig der Rendite-Idee huldigt.

...-Zombie Im Gegensatz zum → **Darsteller** bemüht sich der „Zombie“ nicht einmal ansatzweise darum, mehr zu sein, als er tatsächlich ist. Ob als Einkaufs-, Forschungs- oder Vertriebs-Untoter trägt er seine Überlebtheit ungeniert und zumindest für seine Umwelt offen erkennbar zur Schau.

Zuckerbrotagent Der „Zuckerbrotagent“ ist ein Kollege aus der Personalabteilung, der als kleines Trostpflaster für erlittene Unbill am Arbeitsplatz gerne einmal ein Englischseminar verschreibt. → **Harmoniebeauftragter**, → **Personalbesänftiger**.

zwei zum Preis von drei → **BOGOF**, → **Dutzend**.

Zweikäsehoch Junger Kollege, der bis zum *Dreikäsehoch* noch sehr, sehr viel lernen muss.

Zweitklässler Was der → **Economy-Flieger** im Luftverkehr, ist der „Zweitklässler“ auf Bahnreisen: ohne jedes Gespür für den Zusammenhang von Auftritt und Erfolg.

Zweiphasenreiniger Der „Zweiphasenreiniger“ ist ein Mitglied der Putzkolonne, bei dem man nicht so genau weiß, was es eigentlich zwischen den Arbeitsschritten „Firma betreten“ und „Firma verlassen“ überhaupt hier treibt.

zwingen: wo man zwingt, da lass dich ruhig nieder Fragten Sie sich bisweilen selbst schon ein ums andere Mal, wie Sie eigentlich in diesem Laden landen konnten, in dem Ihre bemerkenswerten Talente systematisch ignoriert werden, können Sie nunmehr auf die entsprechende Anfrage mit einer erstaunlichen Leichtigkeit antworten: „Wo man zwingt, da lass dich ruhig nieder.“

Zwischenspeicherer Der „Zwischenspeicherer“ sichert das Ergebnis seiner Arbeit aufgrund einer ziemlich uncoolen Angst vor einem Systemabsturz durch häufiges, schon obsessiv zu nennendes Zwischenspeichern.